Soziologie

Hauptfragen und Grundbegriffe

von

Friedrich Fürstenberg

Dritte, neubearb. und erweiterte Auflage

1978

Walter de Gruyter · Berlin · New York

Dr. *Friedrich Fürstenberg*
o. Universitätsprofessor für Soziologie und Leiter der Abteilung
Wirtschaftssoziologie und Stadtforschung im Institut für Soziologie der Johannes Kepler Universität Linz/Donau

CIP-Kurztitelaufnahme der Deutschen Bibliothek

Fürstenberg, Friedrich
Soziologie: Hauptfragen u. Grundbegriffe / von
Friedrich Fürstenberg. – 3., neubearb. u. erw.
Aufl. – Berlin, New York: de Gruyter, 1978.

(Sammlung Göschen, Bd. 2102)
ISBN 3-11-007750-7

Vorbemerkung

Eine ernsthafte Beschäftigung mit der Soziologie kann sich nicht auf die Aneignung nützlicher Ergebnisse beschränken. Sie muß zu einer tieferen Begegnung mit der Soziologie als Wissenschaft führen. Der vorliegende Band soll insbesondere der Vermittlung eines soziologischen Problembewußtseins und der soziologischen Grundbegriffe dienen, die für die selbständige Verarbeitung mittelschwerer Fachliteratur unerläßlich sind. Für denjenigen, der eine umfassendere Information anstrebt, ist also zusätzlich die Lektüre einer Sozialkunde der gegenwärtigen Gesellschaft sowie eine Einführung in die soziologischen Methoden erforderlich. Den Überblick über verschiedene Hauptgebiete der Soziologie kann man sich dann je nach den eigenen Interessen durch Spezialstudien erwerben.

Die Aneignung eines neuen Problemhorizonts und einer entsprechenden Fachsprache erfordert nachhaltiges Interesse, ein hohes Konzentrationsvermögen und eine beachtliche Gedächtnisleistung. Dann ist es möglich, auch im Selbststudium die einzelnen Kapitel des Buches schrittweise durchzuarbeiten. Eine Kontrolle des Wissenstandes wird durch die beigefügten Fragenlisten erleichtert. Allerdings sollte stets der weitere Zusammenhang eines Problems bzw. eines Begriffs erfaßt werden. Dies gelingt dann leichter, wenn man konkrete Beispiele aus der eigenen Erfahrungswelt sucht und – wenn möglich – auch mit anderen diskutiert.

Auch in der Soziologie führt persönliches Engagement erst durch solide Grundkenntnisse zu Problemlösungen. Ein wichtiger Schritt hierzu ist die Vermittlung eines Orientierungsrahmens, der zu einer selbständigen Auseinandersetzung mit den Fachbeiträgen anregt. In diesem Sinne soll der vorliegende Band nicht eine bestimmte soziologische „Richtung" präjudizieren, sondern die Kenntnisnahme soziologischer Veröffentlichungen in kritischer Distanz ermöglichen.

Linz, im Februar 1978   *Friedrich Fürstenberg*

Inhalt

I. Die Entwicklung der soziologischen Fragestellung

Eine Grunderfahrung des Menschen besteht darin, daß er auf seine Mitmenschen angewiesen ist. Dieses soziale Abhängigkeitserlebnis ist der subjektive Ausdruck der Tatsache, daß unser Handeln vorwiegend gesellschaftsgebundenes Handeln, also nicht autonom ist. Die sozialen Bindungen, ob sie nun als Ärgernis oder als Sicherung empfunden werden, sind aber nicht die einzige Erfahrung, die der Mensch mit der Gesellschaft macht. Sie wird ihm auch gegenwärtig als Wirkungsraum für sein Handeln und damit als der Bereich, in dem er sich selbst verwirklichen kann. Die Gesellschaft grenzt also nicht nur das Verhalten ein, sie schafft ihm auch Spielräume.

Wenn auch jeder Mensch auf diese Weise an einer bestimmten Gesellschaft teilhat, so ist sie selbst in ihrer großen Mannigfaltigkeit und Gliederung in der Regel vom einzelnen nur indirekt oder in kleinen Ausschnitten zu erfahren. Dieser Umstand weckt den Wunsch nach einer systematischen, wissenschaftlich vermittelten Analyse der Gesellschaft, die die sozialen Abhängigkeiten und Wirkungsmöglichkeiten erkennbar macht.

1. Zur Geschichte des Gesellschaftsbegriffs

Die Bestimmung dessen, was „Gesellschaft" als Gegenstand wissenschaftlicher Erkenntnis ist, begegnet verschiedenen Schwierigkeiten. Jeder Mensch nimmt in seiner Gesellschaft einen bestimmten Standort ein. Seine soziale Sichtweise ist deshalb notwendigerweise partiell und begrenzt. Es hat lange gedauert, diese Hemmnisse zu überwinden und zu objektiven Aussagen über die Gesellschaft zu gelangen. Dies wird besonders deutlich, wenn wir uns die *Begriffsgeschichte des Wortes „Gesellschaft"* in ihren Grundzügen vergegenwärtigen.

Ursprünglich war „Gesellschaft" ein am räumlichen Beisammensein orientierter Begriff, der den Kreis der Mitmenschen

umschloß, mit denen unmittelbarer Kontakt aus einem gegebenen Anlaß möglich war. So trennte man das soziale Leben
in bestimmte „Gesellschaftskreise", wie es heute noch der
zwischen „guter" und „schlechter" Gesellschaft unterscheidende
Sprachgebrauch tut.

Allmählich wurde der Gesellschaftsbegriff mit sozialphilosophischen Vorstellungen über das Zusammenleben der Menschen und seine Formen angereichert. Anstoß hierzu waren die
Versuche des Bürgertums im 17. und 18. Jahrhundert, dem
damals von spätfeudalen Ordnungsideologien geprägten Staats-
begriff einen weniger traditionsgebundenen Begriff entgegenzu-
setzen. Dem von theologisch sanktionierten sozialen Leitbildern
geprägten Staatsdenken wurde in der Aufklärungsphilosophie
ein säkulares, am naturrechtlichen Vertragsdenken orientiertes
Gesellschaftsbild gegenübergestellt. Zunächst sollte auf diese
Weise „Gesellschaft" im Sinne der ganzen gesitteten Menschheit verstanden werden. Doch diese Sichtweise wurde später
eingeschränkt. Im 19. Jahrhundet verstand man im Zusammenhang mit der erfolgten politischen Emanzipation des Bürgertums „Gesellschaft" immer stärker als bürgerliche Gesellschaft,
d. h. als freies Aktionsfeld des Dritten Standes.

Der moderne Gesellschaftsbegriff ist also in einer besonderen
historischen Situation geprägt worden, die durch die Differenzierung von Staat und Gesellschaft seitens des in der französischen Revolution siegreichen Bürgertums gekennzeichnet ist.
Wir sehen, daß „Gesellschaft" in dieser Phase noch keineswegs
den sozialen Zusammenhang aller Menschen bezeichnet, sondern als Wirkungsfeld einer bestimmten Gruppe verstanden
wird. Hier setzt die Gesellschaftskritik des 19. Jahrhunderts
an, die diesen ideologischen Hintergrund des bürgerlichen
Gesellschaftsdenkens freizulegen versucht. Während liberale
Gesellschaftsphilosophen eine freiheitliche Gesellschaft durch
politische Emanzipation aller in ihr lebenden Menschen, also
durch Ausdehnung der Bürgerrechte anstreben, sehen die
sozialkonservativen Kräfte „Gesellschaft" als reinen Zweck-

verband, dem die sittlich verpflichtende, integrierende Leitidee fehlt. Demgegenüber erscheint den Sozialisten und besonders den Marxisten die bürgerliche Gesellschaft als Kampfplatz der Gruppen- bzw. Klassengegensätze.

2. Der soziologische Gesellschaftsbegriff

Angesichts dieser Ideologisierung und Politisierung des Gesellschaftsbegriffs wurde es notwendig, dem Interessentenstandpunkt im Gesellschaftsdenken das Wissen über reale soziale Zusammenhänge gegenüberzustellen. So entstand der Anstoß zur Herausbildung der Soziologie, *der Wissenschaft vom Sozialverhalten des Menschen in jeweils konkret existierenden Gesellschaften, von deren Strukturen und ihren Wandlungen.* Die Entwicklung der Soziologie und ihre Problemgeschichte sind nicht zu verstehen ohne die Besonderheiten ihres Untersuchungsgegenstandes. Es bedurfte außerordentlicher Anstrengungen, die Soziologie vom normativen, meist interessengebundenen Gesellschaftsdenken abzulösen und auf die erfahrungswissenschaftliche Analyse von Tatsachenzusammenhängen zu richten. Was „Gesellschaft" aufgrund vorgegebener Werthaltungen sein *soll* und was sie aufgrund abstraktlogischer Überlegungen sein *kann,* wird nicht von der Soziologie, sondern von der Sozialphilosophie und der Gesellschaftspolitik untersucht. Es ist aber gerade angesichts einer heute weit verbreiteten Faktengläubigkeit wichtig, sich klarzumachen, daß es „Gesellschaft" als wertneutralen Sachverhalt nur in der wissenschaftlichen Konstruktion geben kann. Der in der Gesellschaft lebende und handelnde Mensch hat niemals ein derartig distanziertes Verhältnis zu ihr.

Die Befreiung von den ideologiebelasteten Gesellschaftsvorstellungen des 19. Jahrhunderts war unabdingbare Voraussetzung für die systematische Erforschung dessen, was die Menschen als Gesellschaft tatsächlich erfahren. So stellt Theodor Geiger fest: „Die Gesellschaft muß in und zwischen den

Menschen, nicht ,über' ihnen gesucht werden[1]." In der Soziologie bezeichnet also „Gesellschaft" die empirisch nachweisbare Tatsache sozialen Zusammenlebens unter bestimmten raum-zeitlichen Bedingungen. Dieses Zusammenleben ist jeweils in charakteristischer Weise strukturiert, wobei die Formen von spontanen sozialen Kontakten über feste Gruppenbildungen und vom einzelnen weitgehend unabhängige soziale Institutionen bis zu Norm- und Wertsystemen, den kulturellen „Objektivationen". reichen. Nicht das abstrakte, überzeitlich fixierte „Wesen" der Gesellschaft interessiert also den Soziologen, sondern deren empirische Erscheinungsweise.

Aber auch in der streng wissenschaftlichen Analyse machen sich unterschiedliche Grundpositionen bemerkbar, die dem Gesellschaftsbegriff jeweils eine spezifische Tönung geben. Das Interesse des Soziologen kann z. B., wie bei Emile Durkheim, vor allem den bewußtseinsbildenden sozialen Institutionen gelten, wie etwa der Familienordnung, dem Recht oder der Religion. Dann wird Forschung aus „makrosoziologischer" Sichtweise betrieben, und die Verhaltensweisen der Individuen im sozialen Zusammenhang interessieren nur insofern, als sie ihre Bindung an diese Institutionen widerspiegeln. Ein anderer Ansatz, den wir bei Georg Simmel finden, geht von der Gesellschaft als einem System kontinuierlicher Wechselwirkungen zwischen Individuen oder als Summe sozialer Gruppierungen aus. Dies führt zu einer „mikrosoziologischen" Sichtweise, die sich stärker auf das soziale Verhalten in eng abgegrenzten Bereichen zu einem bestimmten Zeitpunkt konzentriert. Schließlich gibt es Soziologen, die „Gesellschaft" allenfalls als Fiktion gelten lassen, weil es gerade bei empirischen Untersuchungen sehr schwierig ist, exakt zu definieren, was in einem gegebenen Fall Gesellschaft ist, welches ihre Merkmale, insbesondere ihre Grenzen sind und was die in ihr lebenden Menschen davon überhaupt wahrnehmen. Nimmt der Sozio-

---

[1] Th. Geiger: Art. „Gesellschaft". In: Hwb. d. Soziologie (Hrsg. A. Vierkandt). Stuttgart 1931 (Neudr. 1959), S. 210.

loge diese agnostizistische Haltung ein, beschränkt sich sein Forschungsinteresse stets auf soziale Teilbereiche und auf die Bildung von Theorien „mittlerer Reichweite". So ist die Sichtweise, mit der man an die soziologische Analyse des Erkenntnisobjekts „Gesellschaft" herangeht, schon teilweise bestimmend für die Richtung der Forschungsergebnissse.

3. Problembereiche und Arbeitsgebiete der Soziologie

Ist auch die Auseinandersetzung mit dem Gesellschaftsbegriff für die Soziologie von grundlegender Bedeutung, so kann man doch nicht daraus schließen, Soziologie sei schlechthin *die* Wissenschaft von der Gesellschaft. Einen derartigen Anspruch hatten noch diejenigen Forscher, die glaubten, daß die Soziologie das Erbe der Philosophie, teilweise auch der Universalgeschichte, übernehmen und sich zur modernen Universalwissenschaft entwickeln könne. Auguste Comte, der den Begriff „Soziologie" erstmals 1837 verwendete, Herbert Spencer und auch noch Franz Oppenheimer vertraten diesen Standpunkt und errichteten dementsprechend möglichst allumfassende soziologische „Systeme", in denen enzyklopädisch und synthetisch alles erreichbare Wissen von der Gesellschaft verarbeitet wurde. Ein derartiges Verfahren kommt über die typisierende Phänomenologie nicht hinaus und führt schließlich zum Verzicht auf gegenwartsorientierte exakte Analysen von Wirkungszusammenhängen. Es verführt auch leicht zum Soziologismus, zur Verabsolutierung der soziologischen Sichtweise und damit zu dem Versuch, alles Menschliche ausschließlich von der sozialen Dimension her zu erklären.

Die moderne Soziologie ist demgegenüber eine, Erfahrungswissenschaft, die möglichst exakte, nachprüfbare Aussagen anstrebt und die ihr Erkenntnisobjekt mit anderen Erfahrungswissenschaften vom Menschen, z. B. der Psychologie, der Geschichte, den Wirtschaftswissenschaften u. a. teilt, dabei aber stets eigene Fragestellungen verfolgt. Eine derartig verstandene

Soziologie ist nur möglich, wenn soziologisches Problembewußtsein, soziologische Forschungsmethoden und der theoretische Bezugsrahmen zur Ordnung und Interpretation der Untersuchungsergebnisse ständig kritisch überprüft werden.

Erstens ist die Pflege eines *Problembewußtseins* unerläßlich, dem die sozialen Phänomene und damit auch die Gesamtheit gesellschaftlicher Strukturen und Abläufe nicht partiell aus einer fixierten Interessentensicht und auch nicht normativ-überzeitlich als begriffliche Konstruktionen „an sich" erscheinen. Es geht der Soziologie immer um Aussagen über empirisch feststellbare soziale Zusammenhänge aus einer die verschiedenen Standpunkte der Beteiligten relativierenden Sicht. Besonders zu betonen ist das Interesse des Soziologen an *Zusammenhängen*. Er begnügt sich nicht mit der Erhebung von Fakten, sondern versucht sie miteinander in Beziehung zu setzen, ihre wechselseitige Beeinflussung zu erkennen und dadurch einen bestimmten Wirkungszusammenhang zu erklären. Den Industriesoziologen interessiert z. B. eine Statistik über die Arbeitsleistungen einer Gruppe von Beschäftigten nur als Ausgangspunkt. Er fragt danach, wie das Niveau der Arbeitsleistung von den Einstellungen der Arbeiter, der Struktur der Arbeitsgruppe, der sozialen Organisation des betreffenden Betriebes, dem Stand der technisch-wirtschaftlichen Entwicklung usw. abhängt. Je exakter Zusammenhänge nachgewiesen werden können, desto mehr wird das Wissen bereichert, je mehr Zusammenhänge erkannt werden, desto eher werden umfassende theoretische Aussagen möglich.

Bisweilen wird die Forderung erhoben, soziologisches Problembewußtsein sollte gegenwartsorientiert sein. Diese Auffassung vertreten insbesondere die pragmatisch eingestellten „Konsumenten" soziologischer Forschungsergebnisse, die ja eine Anleitung zum praktischen Handeln wünschen. Im Bereich sozialer Phänomene ist jedoch die „Gegenwart" immer nur ein kleiner Ausschnitt. Die „Zukunft" hat stets schon begonnen, und die „Vergangenheit" wirkt noch – ob bewältigt oder unbewältigt – kräftig nach. Deshalb muß sich der Soziologe auch an den historischen Dimensionen seines Untersuchungsfeldes orientieren und ebenso die möglichen Entwicklungen antizipieren.

Die tatsächlich von Soziologen bearbeiteten Problembereiche sind außerordentlich mannigfaltig, und ein oberflächlicher Betrachter könnte geneigt sein, die Soziologie als Wissenschaft von den sozialen Selbstverständlichkeiten in allen Lebenslagen mißzuverstehen. Abgesehen davon, daß gerade das scheinbar Selbstverständliche oft auf die grundlegenden Fragwürdigkeiten unserer Gesellschaft hinweist, ist aber auch die Themenfülle der soziologischen Fachliteratur eher positiver Ausdruck der Fruchtbarkeit soziologischer Fragestellungen. Eine systematische Übersicht wird folgende Hauptproblemkreise mit einschließen müssen:

(1) Untersuchungen über die Grundbedingungen und Formen sozialen Verhaltens, z. B. die Prozesse der Aneignung sozialer Rollen, sowie die Analyse der von sozialen Normen abweichenden Verhaltensweisen und ihrer Bedingungen.

(2) Untersuchungen über Strukturen und Veränderungen sozialer Kleingruppen, z. B. Arbeitsgruppen, Jugendgruppen usw.

(3) Untersuchungen über soziale Organisationen und Institutionen, z. B. Industriebetriebe, Verbände, Parteien, Familie und Erziehungssystem, Kirchen, Träger der Öffentlichen Meinung.

(4) Untersuchungen über soziale Objektivationen, insbesondere übergreifende Norm- und Wertestrukturen von gesamtgesellschaftlicher Bedeutung, wie z. B. Sitte, Recht, Religion, Wissenschaft usw.

(5) Untersuchungen über die Sozialstruktur einer gegebenen Gesellschaft, d. h. den sozialen Zusammenhang ihrer Teile und dessen evolutionäre oder revolutionäre Ver-

änderungen. Hierzu gehören auch Analysen der sozialen
Schichtung und Mobilität.

(6) Vergleichende Untersuchungen verschiedener Gesell-
schaftssysteme und ihrer Teilaspekte.

Selbstverständlich kann diese Übersicht nur eine erste Orien-
tierungshilfe sein. Bei konkreten Forschungsvorhaben finden
häufig und mit Recht auch Grenzüberschreitungen in der
Problemstellung statt. Wer sich z. B. für den Strukturwandel
der modernen Familie interessiert, braucht sich nicht auf deren
institutionelle Aspekte zu beschränken. Es kann durchaus sinnvoll sein, die Familie auch unter dem Gesichtspunkt der Kleingruppenforschung oder im Hinblick auf die durch sie vermittelten Rollenmuster oder im Zusammenhang mit Veränderungen der Sozialstruktur oder schließlich im internationalen Vergleich (etwa mit Familien in Frankreich oder den USA) zu
studieren.

4. Soziologische Forschungsstrategien

Die wissenschaftliche Untersuchung soziologischer Probleme
erfordert *Strategien,* die eine systematische Datensammlung
ermöglichen, bedeutungsvolle Zusammenhänge zwischen Daten
erkennen lassen und die Überprüfbarkeit der Ergebnisse
gewährleisten. So wichtig Sicherheit in der Beherrschung der
Methoden ist, so sehr kommt es aber auch auf die richtige
Auswahl der Methoden an. Die Mannigfaltigkeit soziologischer
Untersuchungsobjekte und soziologischer Problemstellungen
führt jeden Methodenmonismus, das Beharren auf der einen,
allein richtigen Methode, ad absurdum. Jede Methode ist so
viel wert wie die Resultate, die mit ihrer Hilfe erbracht werden.
Deswegen werden erfahrene Soziologen hinsichtlich der von
ihnen verwendeten Forschungsmethoden in der Regel Pragma-
tiker sein.

Karl Mannheim hat einmal für den Bereich der allgemeinen
Soziologie drei *Grundformen soziologischer Forschungsstrate-*

gien herausgearbeitet: die unhistorisch-axiomatische, die vergleichend-typisierende und die historisch-individualisierende
Methode[2].

Hauptmerkmal der *unhistorisch-axiomatischen Methode* ist
die abstrakte Konstruktion theoretischer Modelle, die als
Bezugsrahmen für die Interpretation empirischer Fakten ver-
wendet werden können. Besonders erfolgreich wurde diese
Methode in neuerer Zeit von Talcott Parsons und von Georges
Gurvitch angewendet.

Die *vergleichend-typisierende Methode* eignet sich für die
Fälle, in denen ein sehr umfangreiches Beobachtungsmaterial
geordnet werden muß, was am besten mit Hilfe typologischer
Kategorien geschieht. Durch den Vergleich der gebildeten
Typen und ihrer Bedingungen entgeht man der Gefahr, ein
bestimmtes Phänomen, das vielleicht zufällig, zumindest aber
raum-zeitlich begrenzt auftritt, wie z. B. eine bestimmte Form
der Familie, in seiner Bedeutung falsch einzuschätzen. Eine
neuere Untersuchung dieser Art ist die Studie von David Lerner
über den Strukturwandel traditioneller Gesellschaften des
Nahen Ostens.

Überall dort, wo sich die soziologische Forschung auf ein
genau umgrenztes soziales Phänomen in einer bestimmten
geschichtlichen Konstellation beschränkt, wird die *historisch-
individualisierende Methode* angewandt. Typische Beispiele
sind Untersuchungen einer Schulklasse, eines Betriebes, eines
Dorfes oder eines Vereins in einem engumgrenzten Zeitraum.
Ein großer Teil der modernen empirischen Sozialforschung
gehört zu diesem Untersuchungstyp, dessen Vorzüge die konkrete, gegenwartsbezogene Aussage und der Materialreichtum,
die Anschaulichkeit sind.

Jede der hier charakterisierten Strategien hat ihre Berechtigung, aber jede birgt auch Gefahren in sich. Wer abstrakte
Modelle konstruiert, verliert leicht den Kontakt zur sozialen

---

[2] Vgl. K. Mannheim: Die Gegenwartsaufgaben der Soziologie. Tübingen 1932,
S. 7 ff.

Wirklichkeit. Wer das historische Material in seiner Breite auswertet, kommt nur schwer zu genauen Analysen der Zusammenhänge und bleibt möglicherweise im Stadium der Beschreibung stehen. Wer schließlich eng umgrenzte Phänomene punktuell und zeitgebunden untersucht, wird seine Ergebnisse rasch veralten sehen, wenn kein Bezug auf umfassendere soziologische Theorien gelingt. So ist es durchaus gerechtfertigt, daß die Soziologen alle drei genannten Strategien verwenden.

Besonders viel Raum in der Fachdiskussion nimmt seit Max Webers grundlegender Studie[3] immer wieder die Frage ein, wie denn die *Objektivität soziologischer Untersuchungen* gewährleistet werden könne. In diesem Zusammenhang werden manchmal bestimmte Forschungsverfahren als besonders exakt bezeichnet, vor allem dann, wenn sie Messungen ermöglichen und die Ergebnisse in mathematisierter Form bringen. Grundsätzlich ist hierzu zu sagen, daß jede Forschungstechnik, auch wenn sie sich mathematisch-statistischer Verfahren bedient, unsachlich gehandhabt werden kann. Der Schlüssel zur bestmöglichen Erfüllung des Objektivitätspostulats liegt in der Person des Soziologen. Verhält er sich kritisch gegenüber seinen eigenen Hypothesen, legt er peinlich genau jeden Schritt der Untersuchung offen, verwendet er Methoden, die eine Kontrolle der Untersuchungsergebnisse gewährleisten, und enthält er sich insbesondere einer versteckten Interpretation dieser Ergebnisse, so hat er die wesentlichen Vorbedingungen für eine objektive Forschung geleistet. Ist dies nicht so, kann man bekanntlich auch mit den höchstentwickelten Methoden der Umfrageforschung das „beweisen", was ein interessierter Auftraggeber wünscht. Deshalb muß der Soziologe ständig die Voraussetzungen seiner Arbeit kritisch überprüfen und offenlegen[4].

Ein umfassendes Problembewußtsein und profunde Methodenkenntnisse reichen nicht zur Begründung einer wissen-

[3] M. Weber: Die Objektivität sozialwissenschaftlicher und sozialpolitischer Erkenntnis (1904). In: Ges. Aufsätze zur Wissenschaftslehre. Tübingen 1922.
[4] Einen guten Überblick über die gebräuchlichsten Forschungstechniken in der Soziologie vermittelt P. Atteslander: Methoden der empirischen Sozialforschung. Sammlung Göschen Bd. 2100. Berlin / New York 1975.

schaftlichen Soziologie asu. Es ist außerdem ein wachsender Wissensvorrat erforderlich, der durch *theoretische Bezugsrahmen* systematisch geordnet wird und allgemeingültige Aussagen ermöglicht. Die Soziologie kommt also nicht ohne soziologische Theorie aus. Sie kann sich nicht in der Anwendung von Untersuchungstechniken auf alle möglichen Tagesprobleme erschöpfen und deren Ergebnisse dann der Interpretation durch Vertreter benachbarter Wissenschaften, durch Psychologen, Pädagogen, Philosophen, Theologen, aber auch durch interessierte Praktiker überlassen.

Selbstverständlich gibt es Grenzen für theoretische Aussagen in der Soziologie. Wenn sie nicht abstrakt und formal lediglich im Bereich von Denkmodellen gelten sollen, sind sie in ihrer Gültigkeit gesellschaftsgebunden, d. h. raum-zeitlich begrenzt. Der Soziologe kann nicht eine Theorie ein für allemal anstreben, sondern muß betonen, daß die Theoriebildung ebenso wie die empirische Sozialforschung ein kontinuierlicher Prozeß ist. Wegen dieser Begrenzungen der Gültigkeit theoretischer Aussagen in der Soziologie aber ganz auf die Theoriebildung verzichten zu wollen, hieße die Soziologie zu einer reinen Verfahrenswissenschaft, zur Sozialtechnologie umzuwandeln, deren Ergebnisse beliebig manipulierbar sind.

Welche Fragestellungen stehen im Mittelpunkt der soziologischen Theorie? Hier begegnen wir wieder dem Gesellschaftsbegriff des jeweiligen Soziologen, der sein Interesse mehr auf die Phänomene des Wirkungszusammenhangs von handelnden Personen oder mehr auf die sie bindenden Organisationen und Institutionen oder schließlich auf den Bereich sozialer Objektivationen lenkt. Von welchem Ausgangspunkt aus man aber auch theoretische Aussagen über gesellschaftliche Phänomene anstreben mag, immer wird man der Strukturierung des jeweiligen Untersuchungsfeldes und seinen Veränderungen zentrale Bedeutung zumessen müssen. Deshalb ist der Begriff der „Sozialstruktur" als Wirkungszusammenhang sozialer Handlungsfelder in der Gesellschaft von zentraler Bedeutung für jede soziologische Theorie. Ihre Aussagerichtung wird von der jeweiligen Interpretation dieses Schlüsselbegriffs entscheidend bestimmt.

5. Soziologische Theorie und soziale Praxis

Ausgangspunkt unserer Ausführungen waren das Phänomen „Gesellschaft" und die Möglichkeit ihrer soziologischen Analyse. Wie der Soziologe letztlich immer in irgendeiner Weise an seinem Untersuchungsobjekt teilhat, weil er sich vom gesellschaftlichen Wirkungszusammenhang nicht völlig isolieren kann, so sind auch die Ergebnisse seiner Untersuchungen wieder „soziale Tatsachen". Sie werden mehr oder weniger deutlich und wirksam zu Orientierungspunkten für das Verhalten der Menschen in der sozialen Praxis. Daraus leitet sich die besondere Verantwortung des Soziologen für seinen Untersuchungsgegenstand und für die Veröffentlichung seiner Untersuchungsergebnisse ab. Stets hat er es mit „interessierten Forschungsobjekten" zu tun. Interesse ist aber auch immer an einen sozialen Standort gebunden und daher partikulär. Deshalb ist es für den Soziologen als Wissenschaftler eine geradezu existentielle Frage, wieweit er sich mit der Interessenlage seiner „Forschungsobjekte" identifizieren kann und will und wieweit er dadurch seine Sichtweite begrenzt. Bei noch so großer Anteilnahme an den Problemen bestimmter Personen und Gruppen wird aber doch soziologische Forschung nicht ohne methodisch abgesicherte Distanz zur sozialen Umwelt auskommen. Gerade der gesellschaftspolitisch engagierte Soziologe wird sich darüber klar sein müssen, daß Gesellschaftspolitik auf *wissenschaftlicher* Grundlage eine von Interessentenbeeinflussung freie soziologische Forschung unabdingbar voraussetzt. Auch für denjenigen, der nicht selbst als Soziologe tätig werden möchte, liegt der Bildungswert eines Soziologiestudiums vor allem darin, daß es zugleich mit der Einsicht in die sozialen Bindungen des Individuums das Bewußtsein eines Freiheitsraumes für ihre Gestaltung vermittelt. Gesellschaft als Handlungsfeld des Menschen ist nicht nur Gegebenheit, an die man sich anpaßt. Sie wird, indem sie zum Handeln herausfordert, zugleich zur Aufgabe. Soziologische Erkenntnis trägt dazu bei, den Spielraum für rationales Handeln und damit auch für den Gebrauch der Vernunft bei der Gestaltung der gesellschaftlichen Wirklichkeit zu vergrößern. In diesem Sinne bleibt die Soziologie ihrem Ursprung als Emanzipationswissenschaft auch gegenwärtig verpflichtet.

Fragen zur Arbeitskontrolle

1. Worin unterscheidet sich der soziologische vom sozialphilosophischen Gesellschaftsbegriff?
2. Welche sozialphilosophische Differenzierung des Gesellschaftsbegriff fand im 19. Jh. statt?
3. Was ist Soziologie?
4. Welche Erkenntnisinteressen unterscheiden Durkheim und Simmel?
5. Wer verwendete den Begriff „Soziologie" als erster und wann?
6. Was ist Soziologismus?
7. Welche Voraussetzungen müssen für eine erfahrungswissenschaftliche Soziologie erfüllt sein?
8. Wodurch wird die „Gegenwartsorientierung" der Soziologie eingeschränkt?
9. Welche Hauptproblemkreise werden von Soziologen bearbeitet?
10. Worin bestehen die Vor- und Nachteile der von Mannheim typisierten soziologischen Forschungsstrategien?
11. Inwieweit kann soziologische Forschung objektiv sein?
12. Welche Bedeutung hat der Begriff „Sozialstruktur" für die soziologische Theoriebildung?
13. Wodurch wird die besondere Berufsverantwortung des Soziologen begründet?
14. Worin kann der Bildungswert eines Soziologiestudiums liegen?

II. Soziale Verhaltensweisen und ihre Vermittlung

Jeder Mensch muß lernen, sich sozial, d. h. an seinen Mitmenschen orientiert, zu verhalten und seine Situation sinnvoll zu gestalten, indem er einen Ausgleich zwischen objektiven Anforderungen und subjektiven Erwartungen anstrebt. Es ist also nicht allein eine Hinnahme der objektiven Umwelt, sondern eine Auseinandersetzung mit ihr auf dem Wege zweckorientierter Tätigkeit erforderlich. Diese Tatsache, die die soziale Existenz des Menschen begründet, hat anthropologische Grundlagen. Der Mensch hat im Gegensatz zu den Tieren eine geringe Instinktsicherheit, er ist ein „Mängelwesen" (A. Gehlen). Die für die Daseinserhaltung unzureichende Ausstattung des Menschen mit angeborenen Verhaltensdispositionen hat zwei Konsequenzen: Die Verhaltensantriebe des Menschen sind formbar; sie lassen sich in ihrer Richtung verändern, untereinander auswechseln und auch eine zeitlang unterdrücken. Dementsprechend gibt es die Möglichkeit einer spontanen Aktion. Andererseits bedingt die „Plastizität der Antriebe", daß der Mensch seine sozialen Verhaltensweisen erlernen muß, und zwar nicht auf dem Wege der Dressur, der unbedingten Nachahmung, sondern mit dem Ziel, die verschiedenen Elemente des Gelernten frei zu kombinieren.

Dieser das ganze Leben fortdauernde Lernprozeß befähigt erst nach vielen Jahren zur selbstständigen Existenzsicherung. Der Mensch ist also lange Zeit davon abhängig, daß andere ihn schützen und seine Lebensbedürfnisse erfüllen. Dadurch entsteht eine soziale Umweltbindung mit besonderer Prägekraft.

Schließlich ist der Mensch das Lebewesen, das sprechen kann, das also über Affektlaute hinaus die Fähigkeit zur Kommunikation mit Hilfe von Symbolsystemen besitzt. Sie schafft zugleich die Möglichkeit des handelnden Subjekts, sich von seiner Umwelt durch Vorstellungsinhalte und deren Ausdruck zu distanzieren. Dadurch ist der Mensch in der Lage, sich mit Phänomenen der Vergangenheit, Gegenwart und Zukunft auseinanderzusetzen, die er selbst noch nie erlebt und gesehen hat.

Die Grundstruktur des Menschen als „animal sociale", das Angewiesensein auf die soziale Umwelt und gleichzeitig die Notwendigkeit, sich mit ihr persönlich auseinanderzusetzen, sind lange Zeit nur sehr verkürzt diskutiert worden. Es herrschte eine Reduktion der Probleme auf die Beziehung zwischen Individuum und Gesellschaft vor, wobei dann je nach der weltanschaulichen Position individualistische oder kollektivistische Aussagen gemacht wurden. Das soziale Verhalten als Ergebnis der Umweltbindung des Menschen ist aber gerade dadurch gekennzeichnet, daß es weder direkt aus Persönlichkeitsfaktoren, noch direkt aus gesamtgesellschaftlichen Strukturen abgeleitet werden kann. Die Beziehungen zwischen Individuen und Gesellschaft sind vermittelte Wechselbeziehungen *(Interaktionen)*, die in einem jeweils situationsspezifischen Interaktionszusammenhang auftreten, der sich prozeßhaft im Verlaufe des Lebens verändert.

Man kann diese Interaktionszusammenhänge unter dem Gesichtspunkt betrachten, welche Auswirkung sie auf den lebenslangen Prozeß des Hineinwachsens des Menschen in die Gesellschaft haben. Dieser Prozeß wird auch als Aufbau der *sozial-kulturellen Persönlichkeit* bezeichnet. Da Interaktionen die Grundlage dieses Prozesses sind, wird auch die sozial-kulturelle Persönlichkeit solange beeinflußt, wie sich der Mensch überhaupt in einem Interaktionsgefüge befindet. Da jede Gesellschaft die in ihr stattfindenden Interaktionen in einer bestimmten Weise vorstrukturiert, gibt es auch ähnlich gerichtete Wirkungen auf die in ihr lebenden Menschen. Deshalb haben Personen im gleichen Gesellschafts- bzw. Kulturzusammenhang auch gewisse Grundzüge des Charakters gemeinsam. Diese Grundlage der sozial-kulturellen Persönlichkeit, die nicht auf den einzelnen bezogen ist, sondern auf die Gesamtgesellschaft, ist als basic personality (Grundpersönlichkeit) bezeichnet worden. Diese auf A. Kardiner und R. Linton zurückgehende Sichtweise[1] dient zur Erklärung interkultureller Unterschiede von Persönlichkeitstypen. Eine bahnbrechende Untersuchung auf diesem Gebiete führten W. Thomas und F. Znaniecki bei polnischen Emigranten in den Vereinigten Staaten durch. Sie lieferten Aufschlüsse darüber, wie sich Menschen ändern, die von einer Kultur in eine andere wechseln[2].

Eine weitverbreitete, besonders in Bildungsschichten bewußtseinsprägende Theorie über die Herausbildung von Grundpersönlichkeiten im Zusammenhang mit dem gesellschaftlichen Strukturwandel hat David Riesman in dem von ihm mitverfaßten Buch „Die einsame Masse" formuliert[3]. Er unterscheidet zwischen dem traditionsgeleiteten, dem innengeleiteten und dem außengeleiteten Persönlichkeitstyp, die in entsprechenden Phasen der Gesellschaftsentwicklung vorherrschen. Den traditionsgeleiteten Typ bilden Menschen, deren sozial-kulturelle Persönlichkeit in der kleinen Gruppe, z. B. in der Dorfgemeinschaft, in der Familie, im Stamm entsteht. Diese Menschen lernen ihr soziales Verhalten aus der direkten Beobachtung, im direkten persönlichen Kontakt in einem engen Kreis von Mitmenschen. Grundlage der Verhaltensorientierung ist ein ausgeprägtes Schamgefühl, das bei der Verletzung von Verhaltensvorschriften auftritt. Dementsprechend können Kulturen, in denen dieser Persönlichkeitstyp vorherrscht, auch als „Schamkulturen" bezeichnet werden (Beispiel: die höfische Kultur des Mittelalters).

Der innen-geleitete Typ empfängt seine wesentlichen sozialen Lernimpulse vom Elternhaus. Die Erziehung ist ausgesprochen wertorientiert, etwa in dem Sinne, daß der junge Mensch ange-

[1] Vgl. A. Kardiner: The Psychological Frontiers of Society. New York 1945; R. Linton: The Study of Man. New York 1936.
[2] W. J. Thomas und F. Znaniecki: The Polish Peasant in Europe and America. 5 Bde. New York 1918–1921.
[3] D. Riesman, N. Glazer und R. Denney: Die einsame Masse (amerik. 1950). Darmstadt, Berlin, Neuwied 1956.

halten wird, das Gute, Wahre und Schöne anzustreben und für Gerechtigkeit einzutreten. Dementsprechend werden nicht bestimmte traditionelle Verhaltensmuster eingeübt, sondern es wird gelernt, ein jeweiliges Verhalten an bestimmten abstrakten Richtmaßen zu messen. Bei Verletzung dieser verinnerlichten Vorschriften entsteht nicht so sehr ein Schamgefühl, sondern ein Schuldgefühl.

Der außen-geleitete Typ orientiert sich im Lernprozeß am jeweiligen Interaktionsgefüge. Dementsprechend wird er nicht durch eine engbegrenzte, sehr spezifische soziale Umwelt geprägt, sondern auf Wechselsituationen hin, in denen es darauf ankommt, durch rasche Anpassung richtig zu handeln. Menschen dieses Persönlichkeitstyps werden nach Riesman durch ein Angstgefühl kontrolliert, das besonders dann auftritt, wenn die Umgebung soziale Anerkennung versagt und die Personen sozial isoliert sind. Von Interaktionen ausgeschlossen zu werden, ist für diese Menschen eine besonders harte Bestrafung.

Gegen diese Typologie Riesmans lassen sich viele Einwände vorbringen. Z. B. gibt es Scham-, Schuld- und Angstgefühle in jeder Kultur. Auch wäre es voreilig, nach diesem starren Schema z. B. für moderne Gesellschaften das Vorherrschen des außengeleiteten Typs zu postulieren. Andererseits schärft Riesmans Typologie den Blick für kulturell bedingte Verhaltensunterschiede und bietet vielfältige Anregungen für die soziologische Hypothesenbildung.

1. Die Struktur des Sozialisationsprozesses

Ein fortdauernder gesellschaftlicher Zusammenhang - wäre nicht möglich ohne gewisse Regelmäßigkeiten im sozialen Verhalten. Sie gestatten eine Orientierung der Individuen, indem sie die Unsicherheit der wechselseitigen Erwartungen der Interaktionspartner einschränken. Derartige Regelmäßigkeiten manifestieren sich als soziale *Rollen*. Darunter sind wiederkehrende Verhaltensanforderungen, also Verhaltensmuster zu verstehen, die dem Individuum durch das jeweilige soziale Beziehungsgefüge vorgegeben sind. Bei der Herausbildung der sozialkulturellen Persönlichkeit hat diese durch die soziale Umwelt vorgegebene Rollenstruktur eine grundlegende Bedeutung. Der Mensch muß lernen, diese verschiedenartigen Verhaltensanforderungen möglichst widerspruchsfrei zu erfüllen.

Zur Anwendung in sehr heterogenen sozialen Situationen und zur Erfassung der sich im Rollenverhalten manifestierenden sozialen Spannungen ist der Rollenbegriff sehr weit ausdifferenziert worden. Hierdurch wurde allerdings weniger eine empirisch belegte Rollentheorie als eine Reihe von hypothetischen Konstrukten, von Deutungs- und Typisierungsschemata[4] geschaffen.

Eine Unterteilung der Rollen nach dem Verfestigungsgrad hat Uta Gerhardt vorgenommen:

1. *Situationsrollen:* Sie werden bei besonderen Anlässen, in besonderen Situationen verwirklicht (Patient, Zuhörer, Fußgänger);

2. *Positionsrollen:* Sie sind in standardisierten Aggregaten von Situationen begründet (Abteilungsleiter);

3. *Statusrollen:* Sie bezeichnen die Attribute, „die das Individuum als Glied einer Personenkategorie besitzt" (Alters- und Geschlechtsrollen).

Wichtig für die Erklärung des Rollenverhaltens ist – nach dem Verhältnis von Rechten und Pflichten der Rollenträger – die Unterscheidung in komplementäre (machtneutrale) und asymmetrische (machtungleichgewichtige) Rollenbeziehungen (D. H. Wrong, A. W. Gouldner). Immer wieder begegnen wir in der Wirklichkeit *Intra- und Inter-Rollenkonflikten,* die auf widersprüchliche Verhaltenserwartungen zurückgeführt werden. Derartige Widersprüche werden als Folgen ambivalenter oder inkonsistenter (miteinander unvereinbarer) Rollensegmente – bei einer Rolle – oder Rollen-sets (R. K. Merton)

= Rollenbündel – bei mehreren Rollen – interpretiert. Das Ausmaß potentieller Rollenkonflikte bestimmt den Rollen-Streß (W. J. Goode). Eine Rollendistanz als Ausdruck persönlicher Relativierung der einzelnen Rollenanforderungen vermag hiervon teilweise zu entlasten.

Der Prozeß der Übernahme von Verhaltensmustern bzw. sozialen Rollen durch das Individuum wird als *Sozialisation* bezeichnet. Da die Verhaltensanforderungen der Umwelt während des ganzen Lebens oft wechseln, dauert dieser Lern- und Anpassungsprozeß das ganze Leben. Immer wieder wird der Mensch mit der Aufgabe konfrontiert, soziale Rollen anzunehmen oder zu wechseln. Man hat das Erlernen sozialer Rollen und das damit verbundene Verhaltenstraining zur Grundlage des Aufbaus der sozial-kulturellen Persönlichkeit schlechthin zu machen versucht und diese als ein Konglomerat sozialer Rollen betrachtet. So vertritt z. B. Ralf Dahrendorf in seiner Abhandlung „Homo sociologicus" die Auffassung, der Mensch als soziales Wesen sei Rollenträger schlechthin, sofern wir ihn vom Standpunkt der Soziologie aus betrachten[5]. Die Gesellschaft erscheine dementsprechend dem einzelnen als Vielzahl sozialer Rollenzumutungen. Zweifellos ist jeder Mensch Träger vorgeformter Verhaltensweisen und unterliegt dadurch auch einem gewissen sozialen Anpassungszwang. Kann aber deshalb der Aufbau der sozial-kulturellen Persönlichkeit auf einen fortdauernden Sozialisationsprozeß im Sinne des Rollentrainings reduziert werden?

Ein Verständnis des Sozialisationsprozesses setzt voraus, daß man sich über die Bedeutung sozialer Rollen für die Gesellschaftsstruktur im klaren ist. Das Grundproblem besteht darin, zu bestimmen, ob die Gesellschaft als ein komplexes System sozialer Rollen zu begreifen ist oder ob sie auch soziale

---

[4] Vgl. hierzu und zur folgenden Typologie: U. Gerhardt, Rollenanalyse als kritische Soziologie, Neuwied und Berlin 1971.
[5] Vgl. R. Dahrendorf: Homo sociologicus (1958). 14. Aufl. Köln und Opladen 1974.

Verhaltensweisen ermöglicht, die nicht als „Rollen" zu bezeichnen sind. Die Auffassung, die jedes soziale Verhalten auf Rollenverhalten reduzieren und dementsprechend die Gesellschaft als Rollensystem betrachten will, führt zu großen Schwierigkeiten bei der Erklärung von Verhaltensänderungen. Schon die Alltagserfahrung zeigt, daß soziale Rollen entstehen, sich verändern und sich sogar auflösen können. Sie zeigt darüber hinaus, daß soziales, d. h. am Mitmenschen orientiertes Verhalten auch gewissermaßen spontan auftreten kann und daß sich erst allmählich im Verlaufe der Interaktionshäufung Verhaltenserwartungen herausbilden. Dies geschieht vor allem dann, wenn unvorhergesehene oder neuartige Situationen auftreten. Man muß also annehmen, daß nicht jedes soziale Verhalten regelmäßig bzw. an Regelmäßigkeiten orientiert ist. Der Begriff der sozialen Rolle kann aber nur sinnvoll für diejenigen Verhaltensweisen verwendet werden, deren Ablauf und deren Wiederholung gesteuert wird. Diese *soziale Kontrolle* liegt dann vor, wenn ein bestimmtes Verhalten sanktioniert, d. h. belohnt oder bestraft wird, was das Bestehen einer *sozialen Norm*, eines Verhaltensrichtmaßes voraussetzt. Es ist also festzustellen, daß der Geltungsbereich sozialer Rollen vom Geltungsbereich sozialer Normen und der damit verbundenen Sanktionen abhängt. Innerhalb dieses Geltungsbereiches ist auch Sozialisation im Sinne des Erlernens von Verhaltensmustern möglich. Wie schon erwähnt, läßt sich aber die These nur schwer aufrechterhalten, daß alle sozialen Tatsachen und damit alle Verhaltensweisen in der Gesellschaft normorientiert oder zumindest normbezogen seien. Es gibt soziale Beziehungen, in denen spontane Aktionen nicht nur möglich, sondern auch wahrscheinlich sind oder in denen zumindest erhebliche Verhaltensspielräume nachgewiesen werden können. Dementsprechend muß der Mensch als sozialkulturelle Persönlichkeit nicht nur im Stande sein, erlerntes Rollenverhalten zu aktualisieren, sondern er muß auch außerhalb der Zonen normierten Verhaltens sinnvoll handeln können.

Derartige Überlegungen haben dazu geführt, den Begriff der Sozialisation durch den Begriff der *Enkulturation* zu ergänzen. Hierunter ist der Prozeß der Übernahme und Verinnerlichung kultureller Werte durch das Individuum zu verstehen. Hierbei bezieht sich der *soziologische Kulturbegriff* auf die überlieferungsfähigen Lebensformen einer Gesellschaft. Ihre Grundlage sind *soziale Werte*, worunter verpflichtende Leitideen zu verstehen sind, die konforme Grundhaltungen, also Überzeugungen motivieren. Soziale Werte lassen sich durch Symbole verdeutlichen. Im Enkulturationsprozeß lernt der Mensch, sich derartige soziale Werte zu eigen zu machen, so daß sie Bestandteil der eigenen Persönlichkeit werden, wie etwa eine allgemeine ethische Handlungsmaxime. Hierdurch wird es möglich, ein bestimmtes situationsbezogenes Rollenverhalten zu relativieren, unter Bezug auf übergeordnete Gesichtspunkte zu beurteilen und gegebenenfalls entsprechend abzuwandeln.

Nicht alle sozialen Verhaltensweisen lassen sich direkt durch Bezugnahme auf Sozialisations- und Enkulturationsprozesse erklären. Der Mensch übernimmt nicht nur Verhaltensmuster, Normen und Werte. Er reagiert auch auf die Umweltanforderungen, indem er eigene Vorstellungen und Erwartungen herausbildet. Derartige Einstellungsweisen können sich zu Leitvorstellungen verfestigen, die einem persönlichen Lebensplan zugrunde gelegt werden. Nur so ist es möglich, angesichts bestimmter Situationsherausforderungen eine relativ unabhängige Grundhaltung zu entwickeln, die in der Alltagssprache als „charaktervoll" bezeichnet wird. Vorbedingung hierfür ist die Bewältigung von Wahlsituationen. In der Herausforderung, zwischen Alternativen zu wählen und die Konsequenzen selbst zu verantworten, erlebt sich der Mensch selbst als Person. Er merkt, daß er eine eigene Kraft darstellt und nicht allein die Summe seiner Umwelteinflüsse. Mit der Häufigkeit von Wahlentscheidungen wachsen auch Urteilsfähigkeit und kritische Reflexion. Auf dieser Möglichkeit der Selbstformung beruht auch die Chance einer antiautoritären Erziehung. Kritisch distanziertes Verhalten auf der Grundlage einer „Ich-Identität" ist Ergebnis des *Personalisationsprozesses.* Darunter versteht Wurzbacher die „Ausbildung und Anwendung der menschlichen Fähigkeit zur Integration des sozialen und kulturellen Pluralismus"[6]. Wir leben in einer vielgliedrigen Gesellschaft, die nichts weniger als ein widerspruchsfreies Rollen- bzw. Normen- und Wertesystem darstellt. Der Pluralismus der Rollen und der ihnen zugrunde liegenden Normen und Werte kann die manipulative Zerstörung der sozial-kulturellen Persönlichkeit fördern, wenn die Menschen kein kritisch-distanziertes Selbstbewußtsein entwickeln. Die Tatsache, daß sie hierzu in der Lage sind, kann als Beweis gegen eine systemtheoretische Reduktion gesellschaftlicher Phänomene auf vorgegebene Rollenstrukturen genommen werden.

Fragen zur Arbeitskontrolle

1. Wodurch wird *soziales* Verhalten gekennzeichnet?
2. Wodurch wird soziales Verhalten für das Individuum sinnvoll?
3. Auf welchen anthropologischen Grundlagen beruht die soziale Existenz des Menschen?
4. Welche sozialen Auswirkungen hat das Sprachvermögen des Menschen?
5. Wodurch wird der Aufbau der sozial-kulturellen Persönlichkeit gekennzeichnet?
6. Was versteht man unter „basic personality"?
7. Wie lassen sich die interkulturellen Unterschiede von Persönlichkeiten charakterisieren?
8. Was versteht Riesman unter a) traditionsgerichtetem, b) innengerichtetem und c) außengerichtetem Persönlichkeitstyp?

[6] G. Wurzbacher (Hrsg.): Der Mensch als soziales und personales Wesen. Stuttgart 1963, S. 14.

9. Wodurch wird nach Riesman eine „Schamkultur" gekennzeichnet?

10. Welche Einwände sind gegen Riesmans Schema möglich?

11. Was sind soziale Rollen?

12. Erläutern Sie die Typologie sozialer Rollen nach U. Gerhardt.

13. Wodurch werden asymmetrische Rollenbeziehungen gekennzeichnet?

14. Welche Ursachen haben Rollenkonflikte?

15. Worin unterscheiden sich Rollensegment und Rollenbündel?

16. Was ist unter Rollenstreß zu verstehen?

17. Was wird als Sozialisationsprozeß gekennzeichnet?

18. Was ist der „homo sociologicus" nach Dahrendorf?

19. Läßt sich jedes Sozialverhalten auf Rollenverhalten reduzieren?

20. Welche Grundvoraussetzungen müssen für das Entstehen sozialer Rollen erfüllt sein?

21. Erläutern Sie die Begriffe der sozialen Kontrolle und der sozialen Norm.

22. Was versteht man unter Enkulturation?

23. Erläutern Sie den soziologischen Kulturbegriff.

24. Was sind soziale Werte?

25. Wodurch lassen sich soziale Werte verdeutlichen?

26. Welche Verhaltensmöglichkeiten eröffnet Personalisation?

27. Welche Merkmale kennzeichnen Personalisation?

28. Wie kann das Individuum den Rollenpluralismus der modernen Gesellschaft bewältigen?

2. Phasen sozialer Lernprozesse

Sozialisation, Enkulturation und Personalisation sind Grundtypen sozialer Lernprozesse, die sich in der sozialen Wirklichkeit überlagern können. Durch den biologischen Lebenslauf und seine von der Gesellschaftsstruktur abhängige Periodisierung werden sie phasenhaft vollzogen.

In frühester Kindheit stehen Sozialisationsprozesse ganz im Vordergrund. Der Mensch wird in seinem Verhalten diszipliniert und lernt die Selbstkontrolle im Hinblick auf biologische Grundfunktionen. Das Kleinkind wird darüber hinaus mit zunehmendem Sprechvermögen im Hinblick auf Anforderungen seiner sozialen Umwelt motiviert und richtet sich auf bestimmte Bestrebungen aus, z. B. die Erlangung der Zuneigung seiner Familienangehörigen als Folge bestimmter Verhaltensweisen. Die erlernten Verhaltensweisen werden in dem Maß verfestigt, in dem sie in eine soziale Rollenstruktur, etwa diejenige der Kleinfamilie, einbezogen werden. Dies hat zur Folge, daß das Kind zweierlei erhält: einen *sozialen Status,* d. h. eine objektive Rangstellung in einem sozialen Gefüge, und damit verbunden ein *Sozialprestige,* d. h. den entsprechenden Anspruch auf subjektive Geltung. So muß sich z. B. das älteste Kind in einer Familie anderen Anforderungen gewachsen zeigen als seine jüngeren Geschwister. Es kommt ihm ein anderer Rang zu, dem ein bestimmtes Geltungspotential entspricht, das jedoch durch seine Handlungen erhöht oder vermindert werden kann.

In der Phase der Frühsozialisation und Frühenkulturation ist ein großer Teil der zu erlernenden Verhaltensweisen biologisch vorgegeben, und seine Vermittlung erfolgt gefühlsmäßig. Das Kleinkind lernt im wesentlichen durch Beobachtung und Nachahmung, wobei Belohnung und Bestrafung eine entscheidende Rolle spielen. Deshalb lassen sich auf diese Phase sozialer Lernprozesse die behavioristischen Lerntheorien besonders gut anwenden. Sie erklären die Aneignung sozialer Verhaltensweisen durch Auslese der erfolgreichsten Reaktionen auf bestimmte Umweltreize, wobei der Erfolg als Belohnung durch Reizverminderung erscheint. Mit Hilfe dieses Modells lassen sich auch unbewußte Lernprozesse erklären.

In dem Maße, in dem der Mensch Bedürfnisspannungen zu beherrschen lernt und seine Sprachfähigkeit entwickelt, wachsen seine sozialen Orientierungsmöglichkeiten, und die Lernprozesse erhalten zunehmend eine kognitive Dimension. Man lernt nicht nur aus unmittelbaren Reaktionen auf Umweltreize, sondern aufgrund des sich ausbildenden Vermögens, Folgen möglicher Handlungen vorauszusehen. Zur Erklärung dieser Phänomene dienen insbesondere kognitive Lerntheorien.

Je mehr sich kognitive Elemente in der subjektiven Umwelterfahrung herausbilden, desto mehr erlangt der Mensch die Fähigkeit, seine Situation zu „definieren" (W. I. Thomas) bzw. schon vorhandene „Definitionen" als Handlungsperspektiven zu übernehmen. Dies geschieht durch Auswahl bestimmter Bezugspunkte, an denen er sein Verhalten orientiert. Hierbei kann es sich um Einzelpersonen handeln, die eine Vorbildfunktion übernehmen, es können auch soziale Gruppen *(Bezugsgruppen)* gewählt werden, es besteht aber auch die Möglichkeit, das eigene Verhalten an Phänomenen mit Symbolcharakter zu orientieren. Man sollte deshalb nicht nur von Bezugspersonen oder Bezugsgruppen, sondern umfassender von sozialen Bezugssystemen sprechen. Auf diese Weise wird es leichter, die komplexe Struktur moderner Sozialisationsmedien, neben der Familie und dem Freundeskreis u. a. auch die Massenmedien, zu berücksichtigen. In der „Primärsozialisation" während der Kindheit und Pubertät überwiegen gefühlsbetonte Bindungen an Bezugspersonen und -gruppen. Die „Sekundärsozialisation" des Erwachsenen wird auch stärker von abstrakten Bezugssystemen geprägt.

Der Eintritt in die Schule ist ein wichtiger Einschnitt in der Abfolge sozialer Lernprozesse. Das Kind muß sich nun in einen organisierten Leistungsvollzug einordnen. Die Normen des Rollenvollzugs werden unpersönlicher. Der Unterschied zwischen intimen, gefühlsbetonten und versachlichten Sozialbeziehungen wird dadurch immer stärker bewußt gemacht. Außerdem lernt der junge Mensch in der Schule zwei Grundformen des Sozialverhaltens kennen: das Konkurrenz- und das Solidarverhalten. Die Richtung der Erfolgsorientierung im Erwachsenenalter hängt wesentlich mit davon ab, ob vorwiegend wettbewerbsbezogene Verhaltensmuster oder solche der gegenseitigen Hilfeleistung anerzogen worden sind oder ob es gelang, diese Verhaltensformen jeweils situationsspezifisch zu relativieren.

In die Schulzeit fallen auch die ersten Konfrontationen mit Erfolgsleitbildern aller Sozialbereiche, durch die sich ein eigenes persönliches Anspruchsniveau entwickelt, das der heranwachsende Mensch zu verwirklichen sucht. In diesen Ansätzen zur Lebensplanung und zur persönlichen Zielsetzung wird der Einfluß von Enkulturationsprozessen besonders deutlich.

Der Prozeß der Personalisation wird besonders durch die nun verstärkt einsetzenden Konflikterlebnisse gefördert. Es treten z. B. Spannungssituationen auf, in denen zu entscheiden ist, ob Konkurrenz- oder Solidarverhalten, z. B. in der Schulklasse gegenüber Mitschülern, zu zeigen ist. Die Prägung durch derartige Konflikterlebnisse leitet allmählich die Emanzipation von der zunächst fraglos hingenommenen sozialen Umwelt ein. Der Mensch wird kritisch, auch seinen nächsten Angehörigen gegenüber. In der Pubertätsphase wird dieser Emanzipationsprozeß gegenüber den Trägern der ursprünglichen Sozialisation stark beschleunigt. Gleichzeitig erfolgt eine neue Bindung des Sozialverhaltens innerhalb einer persönlich geschaffenen Intimsphäre und im Hinblick auf die eigenen Berufserwartungen.

Eine dritte grundlegende Phase sozialer Lernprozesse beginnt mit dem Eintritt in das Berufsleben. Dieser vollzieht sich selbst als ein jahrelang andauernder Prozeß, in dem eine Phase der Vorbereitung innerhalb der berufsbildenden Schule, der Lehrzeit oder des Studiums und eine Phase der Konkretisierung der allmählich immer deutlicher werdenden beruflichen Leistungsanforderungen unterschieden werden kann. Unter dem Aspekt der Sozialisation bedeutet der Eintritt in das Berufsleben, daß der junge Mensch lernt, eine ihm gestellte Aufgabe ordnungsgemäß zu erledigen. Hierbei geht es im wesentlichen um erlernte Kenntnisse und Fertigkeiten. Im Hinblick auf die Enkulturation richtet sich der Lernprozeß auf die Verinnerlichung sinngebender Berufsvorstellungen, die zur Verwirklichung in der Berufstätigkeit drängen. Hierbei treten in der modernen Arbeitswelt zahlreiche Konflikte auf, da vorgeprägte Berufsauffassung und Berufswirklichkeit oft in Widerspruch zueinander geraten. Die Personalisation im Berufsleben setzt bei der Entwicklung persönlicher erfolgsorientierter Zielvorstellungen an, die sich auf alle Aspekte der beruflichen Umwelt, also nicht nur auf Lohn und Beförderung beziehen können. Auf der Grundlage beruflicher Rollenanforderungen, aber doch distanziert hiervon entwickelt sich allmählich ein subjektives Erfolgsbewußtsein im sozialen Vergleich, das in der Gewinnung eines eigenen Standpunktes, im Ausdruck der eigenen Meinung und in der Entwicklung von Eigeninitiative prägend auf die soziale Umwelt zurückwirkt.

Neben den sozialen Lernprozessen im Zusammenhang mit der Berufstätigkeit sind für das Erwachsenenalter Lernprozesse bei der eigenen Familiengründung, der Vertretung persönlicher und kollektiver Interessen im politischen Bereich, bei der Anpassung an tiefgreifende Umweltveränderungen von großem Einfluß auf die Prägung der sozial-kulturellen Persönlichkeit. Auch der alternde Mensch wird in eine Reihe spezifisch strukturierter Lernprozesse einbezogen, wobei die Herauslösung aus dem Berufsleben einschneidende Verhaltensänderungen und damit tiefgreifende Sozialisationsprobleme mit sich bringt.

Fragen zur Arbeitskontrolle

1. Welche Phasen sozialer Lernprozesse sind im Hinblick auf den Lebenslauf zu unterscheiden?
2. Wodurch wird die Phase der Frühsozialisation gekennzeichnet?
3. Was ist sozialer Status?
4. Was ist unter Sozialprestige zu verstehen?
5. Wie erklären behavioristische Lerntheorien die Aneignung sozialer Verhaltensweisen?
6. Welchen Ansatzpunkt haben kognitive Lerntheorien?

7. Was versteht man unter Bezugsgruppen?
8. Welche Grundvoraussetzung ermöglicht die Orientierung an sozialen Bezugssystemen?
9. Charakterisieren Sie drei Sozialisationsmedien.
10. Welcher charakteristische Unterschied besteht zwischen „Primär-" und „Sekundärsozialisation"?
11. Nennen Sie verschiedene Merkmale der Lernprozesse in der Schule.
12. Welche zwei Grundformen des Verhaltens werden in der Schule vermittelt?
13. Wie entsteht ein persönliches Anspruchsniveau?
14. Wodurch wird die Personalisation gefördert?
15. Wie gliedert sich der Eintritt in das Berufsleben als sozialer Lernprozeß?
16. Welche Phasen sind beim Eintritt in das Berufsleben zu unterscheiden?
17. Nennen Sie wichtige Ereignisse des Erwachsenenlebens, die mit Lernprozessen verbunden sind.

3. Abweichende Verhaltensweisen

Obwohl in jeder Gesellschaft bestimmte Grundstrukturen sozialer Lernprozesse nachweisbar sind, die die sozial-kulturelle Persönlichkeit vereinheitlichend prägen, bestehen doch zwischen den Menschen große Unterschiede hinsichtlich ihrer sozialen Einstellungs- und Verhaltensweisen. Auch dort, wo Rollenanforderungen genau definiert sind und die unmittelbare Umweltstruktur identisch ist, können wir unterschiedliche Verhaltensweisen wahrnehmen, wie z. B. bei Leistungen in einer Arbeitsgruppe. Ein Kriterium für derartige Verhaltensabweichungen ist das Ausmaß der Norm- und Wertkonformität. Die Erkenntnis abweichender Verhaltensweisen setzt also voraus, daß für den jeweiligen Verhaltensbereich möglichst eindeutig definierte Verhaltensanforderungen bestehen und daß die hierfür maßgebliche Norm- und Wertstruktur transparent ist. In der Regel wird es bestimmte Toleranzgrenzen für die Einhaltung der Anforderungen geben, so daß erst bei deren Überschreiten von abweichendem Verhalten in engerem Sinne gesprochen werden kann. Mit der Erfahrung, daß eine negative Verhaltensabweichung im allgemeinen auffälliger ist und auch stärker bestraft wird als eine positive Verhaltensabweichung belohnt wird, mag es zusammenhängen, daß sich die Soziologen bisher vorwiegend mit solchen abweichenden Verhaltensweisen beschäftigt haben, die als Verletzung von Norm- und Wertvorstellungen anzusehen sind.

Wie schon erwähnt, setzt abweichendes Verhalten eine relativ feste Rollenstruktur voraus. Ändert sich deren Norm- und Wertgrundlage, wird auch die Bestimmung von abweichendem Verhalten fragwürdig. Der gleiche Umstand erschwert aber auch interkulturelle und historische Vergleiche von Verhaltensabweichungen. Im jeweiligen Kulturzusammenhang sind Norm- und Wertbindungen unterschiedlich bestimmt und die jeweiligen Toleranzgrenzen unterschiedlich flexibel. Typische Beispiele hierfür sind die unterschiedliche „Grenzmoral" im Wirtschaftsleben vorindustrieller und industrialisierter Staaten sowie die unterschiedliche Sexualmoral der Naturvölker, der Mittelmeervölker und der nordischen Länder.

Zur Erklärung abweichender Verhaltensweisen wurden verschiedene Theorien herausgearbeitet. Eine lange Tradition hat der Hinweis auf biologische Disposition, d. h. vererbte Veranlagung. So glaubte z. B. C. Lombroso, Verbrecher an ihrer Kopfform erkennen zu können. Derartige Erklärungsversuche sind zwar primitiv, allerdings gibt es tatsächlich biologische Degenerationsformen im Bereiche des Bewußtseins oder des Trieblebens, die auch zu abweichenden sozialen Verhaltensweisen führen können (Beispiel: der Triebverbrecher).

Ein anderer Erklärungsversuch betont die psychische Disposition. So vertrat z. B. Sigmund Freud die Auffassung, daß die Menschen je nach ihrer psychischen Grundstruktur unterschiedlich auf die kulturell bedingten Verhaltenszwänge reagieren, wodurch abweichende Verhaltensweisen erklärbar erscheinen. Allerdings machte Freud gleichzeitig darauf aufmerksam, daß diese Grundstruktur im frühen Kindheitsalter durch Sozialisationseinflüsse festgelegt wird, also einen sozial vermittelten Sachverhalt darstellt.

Die soziologischen Erklärungsversuche abweichender Verhaltensweisen setzen bei den sozial vermittelten Lernprozessen an. Eine Ursache kann darin bestehen, daß die Menschen im Verlauf des Sozialisationsprozesses unterschiedlichen Einflüssen ausgesetzt werden, die zu einer differentiellen Sozialisation führen. Wo derartige Umwelteinflüsse relativ konstant sind, ist das Bestehen einer *Subkultur* zu vermuten, d. h. der Lebensform einer innerhalb der Gesellschaft relativ isolierten sozialen Gruppe, die gewisse Sonderziele und Sondernormen entwickelt hat (z. B. die Zigeuner). Personen, die in solchen Subkulturen relativ abgeschlossen von allgemeinen Einflüssen aufwachsen, zeigen bestimmte Verhaltenseigenschaften, die andere gesellschaftliche Gruppen nicht besitzen und die das Zusammenleben innerhalb der Gesellschaft auch erschweren können. So kann z. B. das Kind, das in einer Barackensiedlung aufwächst und dann in die Grundschule kommt, von seinen Mitschülern als Außenseiter betrachtet werden. Gelingt eine Anpassung nicht, so ist soziale Isolierung und damit einhergehend eine Verstärkung der Einflüsse der Subkultur, damit aber auch die Herausprägung abweichender Verhaltensweisen wahrscheinlich. Große Bedeutung haben in diesem Zusammenhang „restringierte Codes" (B. Bernstein), eingeschränkte Formen der sprachlichen Verständigung, die zu abweichendem Sprachverhalten führen.

Eine andere Ursache kann darin bestehen, daß soziale Lernprozesse den Menschen, gemessen an den vorherrschenden Verhaltensnormen, nur unvollständig prägen, daß seine Sozialisation, Enkulturation und Personalisation also Mängel aufweisen. Menschen aus unvollständigen Familien, Schulversager, Personen ohne Berufsausbildung sind in dieser Hinsicht durch das Unvermögen, sich an ihre soziale Umwelt anzupassen, besonders gefährdet, asozial zu werden oder antisoziale, aggressiv gegen die Mitmenschen gerichtete Verhaltensweisen zu entwickeln.

Es kann auch der Fall eintreten, daß im Verlaufe des Lebens die sozial-kulturelle Persönlichkeit schrittweise wieder abgebaut wird. Dies tritt insbesondere dann ein, wenn lebensnotwendige Umweltbezüge unterbrochen werden, wenn z. B. ein Mensch seine Familie, seinen Beruf oder seine Heimat verliert. Besonders alte Menschen, die aus dem Berufsleben ausgeschieden sind und keinen Familienanschluß mehr haben, sind dieser Gefahr ausgesetzt, und Verhaltensabweichungen, die sie zu Sonderlingen abstempeln, können die Folge sein.

Eine weitere soziologische Erklärungsmöglichkeit bezieht sich auf die Veränderung bestimmter Normen und Werte in einer stark dynamischen Gesellschaft. Treten z. B. große politische oder wirtschaftliche Umwälzungen ein, so ist es möglich, daß Menschen, die sich stark mit einer bestimmten Einstellung oder Verhaltensweise identifiziert haben, nicht mehr umzulernen vermögen. Ihr Verhalten entspricht dann einer nicht mehr bestehenden gesellschaftlichen Situation und wird dadurch abweichend. Diese Erscheinungen sind besonders wichtig zur Erklärung politischer Gruppierungen und Auseinandersetzungen, weil häufig die mangelnde Einsicht in die Unzeitgemäßheit traditioneller Einstellungen mit besonderem Drängen auf restaurative Aktivitäten verbunden wird.

Eine letzte Möglichkeit, abweichende Verhaltensweisen soziologisch zu erklären, besteht dann, wenn Menschen verschiedener Kulturen miteinander in Kontakt kommen. Dadurch können die bisher maßgeblichen Normen und Werte relativiert und sogar in Frage gestellt werden. Beispiele hierfür sind Kolonialisierung, Ein- bzw. Auswanderung, Besatzung. Es können sich dann Verhaltensmuster herausbilden, die von den noch verbindlichen Normen und Werten abweichen.

Eine Typologie abweichender Verhaltensweisen wurde von Robert K. Merton entwickelt, indem zwischen den Formen unterschieden wird, in denen Widersprüche zwischen der Zielsetzung des Verhaltens und den Mitteln, diese Ziele zu verwirklichen, in Erscheinung treten. Merton gelangt zu folgenden Typen:

Ritualismus: Darunter wird das Beibehalten der äußeren Verhaltensform bei gleichzeitiger Indifferenz gegenüber der allgemein anerkannten Zielerfüllung verstanden. Ritualisten sind dementsprechend Menschen, die sich zwar an die äußeren Regeln der Gesellschaft halten, sich innerlich aber nicht mit den Zielen, für die diese Regeln geschaffen worden sind, konform erklären. Der Sinn der Regeln wird von diesen Menschen nicht erfaßt oder nicht mehr geteilt. Gerade in unübersichtlichen sozialen Beziehungsgefügen wie z. B. bürokratisierten Wirkungszusammenhängen, besteht die Tendenz zur Herausbildung derartig ritualistischer Verhaltensabweichungen. Man hält sich ganz an die Vorschrift, nicht aber an die Zielsetzung, der sie dienen soll.

Rückzugsverhalten: Es zeigt sich darin, daß der Mensch aus den Widersprüchen der Situation flieht, die er nicht meistern kann. In ausgeprägter Form finden wir es z. B. beim Alkoholiker und beim Rauschgiftsüchtigen. Auch die verschiedenen Formen der Landstreicherei gehören in diesen Zusammenhang, ebenso wie kontaktarme Einzelgänger, die sich aufgrund persönlicher Enttäuschungen aus ihrer sozialen Umwelt zurückziehen. Gelegentlich führt Rückzugsverhalten auch zu Gruppenbildungen, wie z. B. in Form der Hippie-Kommunen. In dieser Form des Nonkonformismus zeigen sich allerdings nicht nur die für das Rückzugsverhalten typische Ablehnung kultureller Ziele und institutionalisierter Mittel, sondern auch Versuche, neue Formen des Sozialverhaltens zu entwickeln.

Neuerungen: Merton betrachtet abweichendes Verhalten in der Form von Neuerungen nur unter dem Aspekt der Erfindung neuer Mittel zur Erreichung allgemein anerkannter Ziele. Es handelt sich also im wesentlichen um Erfolgstechniken, die zunächst als Randerscheinungen in der Gesellschaft auftreten. Typisch hierfür sind alle Modeformen, aber auch die Herausbildung neuer Verfahrensregeln, z. B. in Organisationen.

Rebellion: Die radikalste Form abweichender Verhaltensweisen stellt nach Merton die Rebellion dar. Hierbei handelt es sich um eine Auflehnung gegen Ziele und Mittel zugleich. Rebellion darf also nicht mit dem Ressentiment verwechselt werden, das daran zu erkennen ist, daß offen etwas abgelehnt wird, was insgeheim doch Anerkennung findet. Rebellion als radikalste Form des Nonkonformismus stellt insofern eine einzigartige Form sozialen Abweichens dar, als ihr Ergebnis gelegentlich auch die Umwandlung gesellschaftlicher Normen und sozialer Verhaltensmuster sein kann. In diesem Fall wird die Rebellion gleichsam nachträglich positiv sanktioniert.

Die Grundlage des Merton'schen Schemas des abweichenden Verhaltens stellt eine besondere Theorie von persönlich wahrgenommenen Spannungen innerhalb der Sozialstruktur dar: die Anomietheorie. Mit dem von E. Durkheim geschaffenen Begriff der *Anomie* wird ein Zustand gesellschaftsbezogener Normlosigkeit bezeichnet, der vor allem dort zu beobachten ist, wo von der Umwelt vorgegebene Lebensziele nur außerordentlich schwer oder überhaupt nicht erreichbar erscheinen. Die Unmöglichkeit, das in sozialen Lernprozessen vermittelte Erfolgsleitbild zu verwirklichen, führt schließlich zur Ablehnung gesellschaftlicher Orientierungssysteme überhaupt, so daß die Struktur der sozialen Umwelt als sinnlos empfunden wird. In letzter Konsequenz kann dieses Erlebnis des Orientierungsverlustes zum Selbstmord führen. Wenn sich auch mit Hilfe der Anomietheorie viele Erscheinungsweisen abweichenden Verhaltens erklären lassen, so begegnet sie doch auch gewichtigen Einwänden. Nicht alles abweichende Verhalten läßt sich aus einem Konflikt vorgegebener Ziele und verfügbarer Mittel ableiten. Gerade die sozial positiven Formen abweichenden Verhaltens nehmen manchmal überhaupt nicht auf derartige vorgegebene Ziel-Mittel-Strukturen Bezug, sondern ergeben sich aus der Suche nach bisher gesellschaftlich gar nicht definierten Zielen und Mitteln. Hatte diese Suche Erfolg, werden unter Umständen die vorhandenen Strukturen in das neue, übergeordnete Ziel-Mittel-System integriert. Beispiele hierfür bieten religiöse und weltanschauliche Bewegungen.

Menschen, die sich mit ihrer sozialen Umwelt nicht oder nur peripher verbunden fühlen und dies durch abweichendes Verhalten zeigen, können sich auch zu *sozialen Randgruppen* zusammenschließen. Hierunter sind lose oder feste Zusammenschlüsse von Personen zu verstehen, die durch ein niedriges Niveau der Anerkennung allgemeinverbindlicher sozial-kultureller Werte und Normen sowie der Teilhabe an ihren Verwirklichungen und am Sozialleben überhaupt gekennzeichnet sind. Die gesellschaftliche Bedeutung dieser Randgruppen hängt ab von ihrer Enstehungsgrundlage, vom Radius der Zielsetzung und von ihrer Organisationsform. Die nach außen gerichtete Dynamik der jeweiligen sozialen Randgruppe wird von dem Typ abweichenden Verhaltens beeinflußt, den ihre Mitglieder verkörpern: Randgruppen mit ausgeprägtem Ritualismus oder vorherrschender Tendenz zur Flucht aus der Gesellschaft nehmen wenig gestaltenden Einfluß auf diese und haben eher als Ventile des sozialen Drucks Bedeutung. Aktivistische Randgruppen hingegen, die neue Wege und Ziele sozialer Bestrebungen verkörpern und vielleicht mit Elementen des Widerstands oder der Auflehnung gegen die bestehenden Verhältnisse verbinden, verdienen besondere Beachtung. Von ihnen gehen auch wesentliche Impulse zum sozialen Wandel aus.

Hinsichtlich des Radius der Zielsetzung ist zwischen solchen Randgruppen zu unterscheiden, die sich auf die Repräsentation oder Durchsetzung von Sonderinteressen in sozialen Teilbereichen spezialisieren, und solchen, die gesamtgesellschaftlich bedeutsame Zielsetzungen anstreben. Hinsichtlich der Organisationsform können Randgruppen sowohl zwanglose Vereinigungen als auch hochorganisierte Verbände darstellen. Einen

festen organisatorischen Zusammenhalt haben vor allem Randgruppen weltanschaulicher Orientierung, sowie ethnische und
rassische Minoritäten.

Abweichendes Verhalten führt zur Kriminalität, wenn die in
der Gesellschaft geltenden Rechtsnormen gebrochen werden.
Mit Ausnahme angeborener schwerer psycho-physischer Stö-
rungen wird kriminelles Verhalten wie alle anderen Verhaltensweisen erlernt. Hierzu ist sowohl eine soziale Konflikt-
situation erforderlich, in der sich der jeweilige Mensch befindet,
als auch ein in seiner Umwelt vorhandenes soziales Bezugssystem, in dem kriminelle Verhaltensweisen als nachahmens-
werte Leitbilder erscheinen. A. K. Cohen hat darauf hingewiesen, daß der soziale Konflikt, der in die Kriminalität hinein-
führt, in der Regel durch die Blockierung allgemein anerkannter Lebensziele ausgelöst wird. So haben Jugendliche aus sozialen Unterschichten ein ausgesprochenes Statusproblem. Sie werden im Laufe der Erziehung mit Normen und Werten der
Gesellschaft konfrontiert, deren Verwirklichung ihnen durch
normale Arbeit nicht möglich erscheint. So versuchen sie ihr
Ziel auf illegitime Weise zu erreichen, wobei das Beispiel schon
krimineller Bezugspersonen bzw. -gruppen nachgeahmt wird.
Verstärkt wird dieser Lernprozeß durch die gesellschaftliche
Isolierung, in die ein jugendlicher Normbrecher fast zwangs-
läufig hineingerät. Der „Gestrauchelte" wird in eine Außen-
seiterposition gedrängt, die er durch Herstellung sozialer
Ersatzbeziehungen im Rahmen krimineller Subkulturen auszu-
gleichen versucht. Deshalb sind für die Verbreitung der Kriminalität kriminelle Randgruppen ausschlaggebend. R. A. Cloward und L. E. Ohlin haben drei Typen dieser kriminellen Subkulturen herausgearbeitet: die Verbrecherbanden als organisierte Zusammenschlüsse, die Konfliktgruppen, deren fallweise
Gewalttätigkeit Ausdruck einer Ersatzbefriedigung für die sonst
mangelnde soziale Bestätigung ist (Halbstarke), und schließlich
die Rückzugsgruppen, die sich durch den Gebrauch von Rausch-

gift und anderen Stimulantien für Versagungen der Gesellschaft entschädigen. Zwischen diesen Erscheinungen gibt es eine Vielzahl gleitender Übergänge.

Da kriminelle Handlungen zu einem großen Teil Ergebnis sozialer Lernprozesse sind, lassen sie sich durch strafrechtliche Verfolgung allenfalls eindämmen, jedoch nicht beseitigen. Als „pathologische" Formen des Sozialverhaltens sind sie auf spezifische Umweltkonstellationen zurückzuführen, deren Verhinderung die Grundlage jeder soziologisch orientierten Verbrechensbekämpfung sein muß. Die wichtigste derartige Konstellation ist das Auftreten von Außenseiterpositionen im sozialen Beziehungsgefüge, die ihren Trägern das Gefühl *relativer Deprivation*, d. h. einer im Vergleich zu den Mitmenschen subjektiv empfundenen Benachteiligung vermitteln. Ist dieses Gefühl der Benachteiligung sehr stark, so verhindert es die Identifizierung des Menschen mit den ihm von seiner Umwelt angebotenen sozialen Rollen. So entsteht ein Reservoir zurückgestauter Aggressivität, die schließlich auf illegitimen Wegen nach Ausdruck sucht.

Fragen zur Arbeitskontrolle

1. Anhand welchen Kriteriums lassen sich Verhaltensabweichungen feststellen?
2. Welche Schwierigkeiten stehen der Ermittlung abweichenden Verhaltens entgegen?
3. Nennen Sie verschiedene Ansatzpunkte für die theoretische Erklärung abweichenden Verhaltens.
4. Welche Sozialisationsstörungen führen zu abweichendem Verhalten?
5. Welche Auswirkungen hat differentielle Sozialisation?
6. Was versteht man unter einer Subkultur?
7. Charakterisieren Sie die Typen abweichenden Verhaltens nach R. K. Merton.
8. Was ist der Unterschied zwischen Rebellion und Ressentiment?

9. Erläutern Sie den Begriff Anomie.
10. Läßt sich jedes abweichende Verhalten auf Ziel – Mittel – Konflikte zurückführen?
11. Was sind soziale Randgruppen?
12. Nennen Sie Beispiele für soziale Randgruppen.
13. Welches Merkmal kennzeichnet Kriminalität?
14. Welche Vorbedingungen müssen für das Erkennen krimineller Verhaltensweisen erfüllt sein?
15. Nennen Sie die Grundbedingung für Jugendkriminalität nach A. K. Cohen.
16. Welche Typen krimineller Subkulturen unterscheiden Cloward und Ohlin?
17. Auf welcher Grundlage beruht eine soziologisch orientierte Verbrechensbekämpfung?
18. Was ist unter relativer Deprivation zu verstehen?
19. Welche Auswirkungen auf das Verhalten hat relative Deprivation?

III. Soziale Morphologie: Die Beziehungsgefüge

1. Soziale Kleingruppen

1.1. Interaktionszusammenhänge

Ein Grundproblem der Soziologie besteht darin zu erklären, wie ein relativ dauerhafter sozialer Zusammenhang zwischen handelnden Personen entsteht. Derartige Zusammenhänge werden als Interaktionen (soziale Wechselbeziehungen) bezeichnet. Ihre Merkmale sind Reziprozität, Antizipation und Proportionalität. Hierbei ist unter Reziprozität die Wechselseitigkeit des Verhaltens zu verstehen. Antizipation als vorausdenkende Orientierung am Interaktionspartner ist hierzu erforderlich. Proportionalität schließlich bezeichnet die Angemessenheit der jeweiligen Aktionen und Reaktionen, ohne die ein Interaktionszusammenhang nicht stabil bleibt. Obwohl gerade die Antizipation ein kulturell vermitteltes „Hintergrundverstehen" (H. Garfinkel) des Partners voraussetzt, also kommunikative Prozesse beinhaltet, hat man den Versuch unternommen, Interaktionszusammenhänge nur aus der Häufigkeit, Dauer und Bewertung der Interaktionen zu erklären. Hauptvertreter dieser behavioristischen Interaktionstheorie ist George Caspar Homans. In seinem Buch „Elementarformen sozialen Verhaltens[1]" geht er von der zentralen These aus, Interaktionen seien soziale Austauschprozesse, in denen jeder Teilnehmer sein Verhalten so einzurichten versucht, daß er die größtmögliche Summe von Belohnungen bekommt. Hierauf gründet sich die Erklärung sozialen Verhaltens anhand folgender fünf Postulate:

1. *Postulat:* „Wenn die Aktivität einer Person früher während einer bestimmten Reizsituation belohnt wurde, wird diese sich jener oder einer ähnlichen Aktivität um so wahrscheinlicher wieder zuwenden, je mehr die gegenwärtige Reizsituation der früheren gleicht." Verhalten wird von Homans also als Reizreaktion interpretiert, wobei die Wiederholung vom Ausmaß einer positiven Vergangenheitserfahrung abhängt.

2. *Postulat:* „Je öfter eine Person innerhalb einer gewissen Zeitperiode die Aktivität einer anderen Person belohnt, desto öfter wird jene sich dieser Aktivität zuwenden."

Hiermit formuliert Homans den Verstärkungseffekt wiederholter Belohnungen eines bestimmten Verhaltens.

3. *Postulat:* „Je wertvoller für eine Person eine Aktivitätseinheit ist, die sie von einer anderen Person erhält, desto häufiger wird sie sich Aktivitäten zuwenden, die von der anderen Person mit dieser Aktivität belohnt werden."

Durch Bewertung der „Belohnung" wird also eine Auswahl unter den Aktivitäten getroffen.

4. *Postulat:* „Je öfter eine Person in jüngster Vergangenheit von einer anderen Person eine belohnende Aktivität erhielt,

---

[1] G. C. Homans: Elementarformen sozialen Verhaltens (amerik. 1961). Köln und Opladen 1968, S. 45 ff.

desto geringer wird für sie der Wert jeder weiteren Einheit jener Aktivität sein."

Homans postuliert hiermit eine Art Sättigungsgesetz im Bereich sozialer Wechselbeziehungen, bei dem zweifellos ökonomische Modellvorstellungen Pate gestanden haben.

5. Postulat: „Je krasser das Gesetz der ausgleichenden Gerechtigkeit zum Nachteil einer Person verletzt wird, desto wahrscheinlicher wird sie das emotionale Verhalten an den Tag legen, das wir Ärger nennen."

Der individuelle Nutzenvergleich der „Belohnungen" kann also zu negativen Emotionen führen, wenn die empfangene Belohnung als unangemessen gering erlebt wird.

Wir können feststellen, daß die Theorie von Homans eine enge wechselseitige Beeinflussung von „Aktivitäten" und gefühlsmäßigen Einstellungen annimmt. Ihre Grundlage ist die Orientierung des Verhaltens an positiven Umweltreizen, die auch zu einem bewußten Bewertungsvorgang führen kann. Wann eine rein affektive Interaktion derartige kognitive Merkmale annimmt, wird allerdings von Homans nicht erklärt. Ebenso wenig erklärt er die normative Komponente jener Interaktionen, die auf Nutzenvergleichen beruhen. Vergleiche setzen ja bekanntlich einen Maßstab, d. h. eine Normvorstellung voraus. Noch grundsätzlicher wäre zu fragen, wie es überhaupt zur Klassifizierung in „belohnendes" und „bestrafendes" Verhalten kommt und ob eine derartige Klassifizierung für das betreffende Individuum allgemeingültige oder nur situationsspezifische Bedeutung hat.

Eine weniger elementare, dafür aber umfassender auf Sozialphänomene anwendbare funktionalistische Interaktionstheorie bietet Talcott Parsons[2]. Für ihn sind Interaktionen die elementarste Form eines sozialen Systems, insofern als die Tendenz besteht, eine gewisse Stabilität in der Zuordnung der ein-

---

[2] Vgl. hierzu T. Parsons: Einige Grundzüge der allgemeinen Theorie des Handelns (amerik. 1958). In: H. Hartmann (Hrsg.), Moderne amerikanische Soziologie. Stuttgart 1967, S. 159 ff.

zelnen Handlungselemente zu erreichen. Die wichtigsten
Aspekte der Interaktion sind dementsprechend Kommunikation
und Intention, d. h. Kommunikation als Austausch von Informationen und Intention als der Versuch, dem Handeln eine
Bedeutung, ein Ziel zu geben. Die erforderliche zwischen-
menschliche Reziprozität der Kommunikation und Intention
wird durch Normen erzwungen. Diese werden kulturell vermittelt durch die Prozesse der Internalisierung und Institutionalisierung. Unter dem Prozeß der *Internalisierung* von Normen
versteht Parsons in etwa den Prozeß der Enkulturation des
Individiums. Als Prozeß der *Institutionalisierung* kann die
gesellschaftlich verbindliche Sanktionierung bestimmter Verhaltensweisen im Rahmen eines sozialen Gebildes verstanden werden. So werden z. B. bestimmte Formen und Abläufe der Kin-
dererziehung im sozialen Gebilde der Schule institutionalisiert.

Ein Interaktionszusammenhang, d. h. ein soziales System
wird nach Parsons dann stabilisiert, wenn vier funktionale
Erfordernisse erfüllt werden:

(1) Strukturbewahrung. Die Integrität des Wertsystems und
    seines Institutionalisierungsgrades muß erhalten werden.

(2) Verwirklichung angestrebter Ziele. Die Zielsetzungen
    der Interaktionspartner müssen tatsächlich erreichbar
    sein.

(3) Anpassung. Die Interaktionspartner müssen in der Lage
    sein, wechselnde Situationen zu bewältigen.

(4) Systemintegration. Es ist erforderlich, daß ein Mindest-
    maß an Solidarität zwischen den Interaktionspartnern
    besteht.

Aus der Annahme, daß eine gleichzeitige Erfüllung aller vier
Funktionen, also ein Maximum an Strukturbewahrung, an
Zielverwirklichung, an Anpassung und Integration gleichzeitig
nicht erreichbar ist, ergibt sich nach Parsons die Möglichkeit
und Wahrscheinlichkeit systemverändernder Prozesse.

Eine Kritik behavioristischer und funktionalistischer Ansätze bieten die Vertreter der symbolischen Interaktionstheorie (G. H. Mead, W. I. Thomas, E. Goffman, H. Blumer u. a.). Im Gegensatz zu den Behavioristen betrachten sie nicht den Austausch von Stimuli (Belohnungen), sondern den kommunikativen Austausch von Gesten und Symbolen als Grundlage sozialer Beziehungen. Insbesondere sind „signifikante" Symbole, die sich an alle Interaktionsteilnehmer wenden, für eine gemeinsame Orientierung erforderlich. Hierbei wird auch nicht wie bei den Funktionalisten der normative Rollenzwang, sondern die Behauptung der Individualität bzw. Identität als Voraussetzung sinnvoller Interaktion hervorgehoben. Aus dieser Sicht erscheint Interaktion letztlich als Dialog, dessen Ergebnis von dem Ausmaß abhängt, in dem eine ideale Sprechsituation, d. h. eine möglichst allseitige „kommunikative Kompetenz" (H. Reimann) besteht. Die Nähe zu sozialpädagogischen Erfahrungen und Forderungen wird in diesen Überlegungen deutlich. Als wesentliche Voraussetzungen für die Bewahrung der Identität des Individuums im Interaktionsprozeß nennt Lothar Krappmann[3]:

1. *Rollendistanz* (E. Goffman): Das Individuum „soll die Erwartungen der anderen aufnehmen und mit ihrer Hilfe die eigenen Absichten darstellen, indem es zeigt, in welcher Weise es diese Normen aufgrund seiner Biographie und seiner Beteiligung an anderen Interaktionssystemen interpretiert";

2. *„Role-taking"* (G. H. Mead): „Ein Prozeß, in dem antizipierte Erwartungen ständig getestet und aufgrund neuen Materials, das der fortschreitende Prozeß liefert, immer wieder revidiert werden, bis sich die Interpretationen einer bestimmten Situation und ihrer Erfordernisse

[3] L. Krappmann, Soziologische Dimensionen der Identität. Strukturelle Bedingungen für die Teilnahme an Interaktionsprozessen, Stuttgart 1971, S. 142, 145, 167, 169.

unter den beteiligten Interaktionspartnern einander ge-
nähert haben";

3. *Ambiguitätstoleranz* (E. Frenkel-Brunswik): „Werden
Handlungsalternativen, Inkonsistenzen und Inkompatibi-
litäten verdrängt oder geleugnet, fehlt dem Individuum
die Möglichkeit, seine besondere Stellung angesichts spe-
zifischer Konflikte darzustellen";

4. *Identitätsdarstellung* (E. Goffman): „Die Fähigkeit, Identität in Interaktionen einzubringen, ... den anderen vor-
zutragen. Sie wird sich vor allem zeigen, wo Normen
nachgiebig genug sind, um dem Individuum Gelegenheit
zu geben, seine Ich-Identität zu artikulieren."

1.2. Entstehung und Struktur von Kleingruppen

Die Erklärung der Entstehung, Verfestigung und Umwand-
lungen von Interaktionsstrukturen ist Grundvoraussetzung für
die soziologische Analyse sozialer Gebilde, d. h. der Interaktionsstrukturen von relativer Dauerhaftigkeit. Sie können nach
Charles H. Cooley in Primärgruppen und Sekundärgruppen
eingeteilt werden. *Primärgruppen* entstehen durch Assoziation
von Einzelpersonen, ermöglichen einen persönlichen Kontakt
der Interaktionspartner untereinander und werden durch einen
engen Zusammenhalt aufgrund emotionaler Bindungen gekennzeichnet. *Sekundärgruppen* entstehen durch organisierte Zweckbindung von Personen, die einen funktionalen Beitrag zur
Zweckerfüllung leisten. In der Regel handelt es sich um größere
soziale Gebilde, in denen nicht mehr alle Mitglieder durch
persönliche Sozialkontakte miteinander verbunden sind.

In der modernen Soziologie wird auch in ähnlicher Weise
zwischen sozialen Kleingruppen und rationalen Zweckgebilden
unterschieden. Soziale Kleingruppen sind persönlich überschau-
bare soziale Gebilde, die in der Regel Merkmale der Primärgruppen aufweisen. Rationale Zweckgebilde hingegen koor-
dinieren die organisierten Verhaltensweisen einer größeren
Anzahl von Menschen.

Der Begriff der *Gruppe* in der Soziologie unterscheidet sich von anderen Gruppenbegriffen. Z. B. beruht der statistische Gruppenbegriff darauf, daß eine gegebene Gesamtheit nach bestimmten Merkmalen untergliedert wird und daß aus den Trägern gleicher Merkmale Gruppen gebildet werden (z. B. Altersgruppen). Ein bestimmtes Merkmal ist also das konstituierende Faktum der statistischen Gruppe. Demgegenüber ist das entscheidende Kriterium für eine Gruppe im soziologischen Sinne das nachweisbare Zusammenwirken von Menschen. Ohne Interaktionszusammenhang gibt es keine soziologische Gruppe.

Auf dieser Grundlage hat G. C. Homans eine kohärente und widerspruchsfreie Theorie der sozialen Gruppe ausgearbeitet[4]. Er versteht unter einer Gruppe „eine Reihe von Personen, die in einer bestimmten Zeitspanne miteinander Umgang haben und deren Anzahl so gering ist, daß jede Person mit allen anderen Personen in Verbindung treten kann und zwar nicht nur mittelbar über andere Menschen, sondern von Angesicht zu Angesicht." Er beschäftigt sich also ausschließlich in seiner Theorie mit der Primärgruppe. Das „soziale System" Gruppe hat nach Homans sowohl eine innere als auch eine äußere Struktur, sie befindet sich in einer physischen, technischen und sozialen Umwelt, in der sie überleben muß. Intern entfaltet sie sich in Verhaltensweisen, die „einen Ausdruck der füreinander gehegten Gefühle darstellen, die von den Gruppenangehörigen im Laufe ihres Zusammenlebens entwickelt werden."

Den Prozeß der Gruppenbildung erklärt Homans mit der Hypothese, daß Personen, die häufig miteinander in Interaktion stehen, dazu tendieren, einander zu mögen. Interaktionshäufung soll demnach also zu positiven gefühlsmäßigen Einstellungen führen. Diese verstärken wiederum die Aktivitäten: „Personen, die Gefühle der Zuneigung füreinander hegen, werden diese Gefühle in Aktivitäten ausdrücken, welche über die des äußeren Systems hinausgehen, und diese Aktivitäten kön-

---

[4] G. C. Homans: Theorie der sozialen Gruppe (amerik. 1950). 3. Aufl. Köln und Opladen 1968.

nen die Gefühle der Zuneigung weiterhin verstärken." Durch die wechselseitige Verstärkung von Aktivitäten und positiven Einstellungen wird die *Gruppenkohäsion,* d. h. der Zusammenhalt unter den Gruppenmitgliedern vergrößert. Diesen Modus der Entfaltung von Aktivitäten und gefühlsmäßigen Einstellungen im Interaktionszusammenhang ergänzt ein Modus der Standardisierung von Verhaltensweisen: „Je häufiger Personen miteinander in Interaktion stehen, desto mehr tendieren ihre Aktivitäten und Gefühle dazu, sich in mancher Hinsicht einander anzugleichen." Es bilden sich Normen für das Verhalten und auch gewisse Wertvorstellungen heraus, die ihren Ausdruck in Symbolen finden können.

Neben diesen Kohäsionsprozeß, der zur Verfestigung von Interaktionszusammenhängen führt, tritt nach Homans ein zweiter Prozeß, der *Prozeß der sozialen Differenzierung.* Zunächst beruht er darauf, daß die verschiedenen Gruppenmitglieder ungleich häufig zusammenwirken. „Personen, die miteinander häufig in Interaktion stehen, ähneln in ihren Aktivitäten einander mehr als anderen Personen, mit denen sie nicht so häufig in Interaktion stehen." So können in der Primärgruppe Untergruppen bzw. Cliquen entstehen. Ein zweiter Differenzierungsfaktor sind die unterschiedlichen Persönlichkeitsstrukturen. Noch bedeutsamer sind aber die Unterschiede hinsichtlich der Erfüllung von Gruppennormen. Eng damit hängt die Entstehung einer Rangstruktur zusammen: „Je höher der Rang einer Person in einer Gruppe ist, um so mehr stimmen ihre Aktivitäten mit den Gruppennormen überein." Wer die Gruppennormen am präzisesten einhält, ist zur Gruppenführung prädestiniert. In der Führungsperson „hat das Interaktionsschema seinen Mittelpunkt". Führung ist für den Vollzug der Gruppenintegration unerläßlich. Sie faßt differenzierte Sozialbeziehungen zusammen und steuert die Aktivitäten der Gruppenmitglieder so, daß auch nach außen hin der Zusammenhalt gewahrt bleibt. Hierbei erfolgt die Aktivierung durch Ziel-, Norm- und Wertorientierung. *Führung* ist also der Vollzug der Gruppenintegration durch zielorientierte Aktivitäten und Motivation der Gruppenmitglieder. Es ist also, wie R. F. Bales aufgrund von Interaktionsanalysen ermittelt hat, zwischen affektiven und funktionalen Führungsaspekten zu unterscheiden. Erstere beziehen sich auf die Erhaltung des sozioemotionalen Gleichgewichts in der Gruppe (Motivation). Letztere sind auf Erfüllung von Leistungserfordernissen seitens der Gruppenmitglieder gerichtet (zielorientierte Aktivitäten).

Neben der Führungsstruktur bildet sich auch die soziale Kontrolle heraus. Die Aktivitäten der einzelnen Gruppenmitglieder, ihre Ziel- und Wertorientierungen werden nicht nur von der Führung, sondern wechselseitig durch die Gruppenmitglieder selbst kontrolliert, ohne daß sich die Gruppe dieser Kontrolle in Richtung einer Verhaltenskonformität bewußt werden muß.

Besonderes Interesse findet bei Homans die Frage nach den Bedingungen der Gruppenstabilität. In seiner Terminologie fragt er nach den Gleichgewichtsbedingungen des sozialen Systems „Gruppe": Er stellt fest, „daß sich ein soziales System in einem beweglichen Gleichgewicht befindet und Autorität besteht, wenn der Zustand der in das System eingehenden Elemente und der zwischen denselben bestehenden Beziehungen einschließlich des Verhaltens des Führers so geartet ist, daß die Nichtbefolgung der Befehle des Führers Veränderungen in den anderen Elementen mit der Tendenz nach sich zieht, das System auf den Zustand zurückzubringen, den der Führer angestrebt haben würde, wenn die Nichtbefolgung nicht stattgefunden hätte".

Eine Kritik an der Kleingruppen-Theorie von Homans kann an zwei Punkten ansetzen: System, Elemente, Gleichgewicht sind naturwissenschaftliche Begriffe, insbesondere der Mechanik, die Homans auf die Soziologie übertragen hat. Gibt es aber im gesellschaftlichen Zusammenleben Systeme, die derartig ahistorisch, mechanistisch und manipulativ strukturiert sind wie das Homans voraussetzt? Sind außerdem Aktivitäten und

Gefühle wirklich Elemente in dem Sinne, daß sie nicht mehr in andere Phänomene zerlegbar sind und gleichsam letzte Erklärungseinheiten darstellen? Ist schließlich der Begriff des dynamischen Gleichgewichts mehr als ein hypothetisches Konstrukt, läßt es sich in der Wirklichkeit nachweisen?

Zweitens baut Homans seine Gruppentheorie auf dem Begriff der Interaktionen auf, die ganz behavioristisch ohne kognitive Komponente dargestellt werden. Im Anschluß an ein Zitat des Physikers Ernst Mach beschreibt Homans sein Vorgehen: „Wir fragen auf eine viel weniger exakte Weise als die Mechanik, wie die Elemente Interaktion und Gefühl zusammenhängen, und lassen die Frage fallen, warum sie so und nicht anders verbunden sind." Nun spielt aber, wie schon Max Weber erkannt hat, der intentionale Bezug im sozialen Leben eine ausschlaggebende Rolle. Konsensus zwischen Menschen beruht darauf, daß sie ihre Intentionen zu erkennen geben und zu einer Interessenangleichung bzw. zu einem Interessenausgleich kommen. Konflikte entstehen, wenn Konsensus nicht erzielt werden kann. Mit den Elementen: Interaktion, Aktivität und gefühlsmäßige Einstellung lassen sich weder Konsensus noch Konflikt erklären. Es bleiben also wesentliche Gruppenphänomene außerhalb der Reichweite der Theorie von Homans. Im übrigen ist aber seine Theorie einer der wenigen Versuche, Zusammenhänge mit Allgemeingültigkeitsanspruch exakt zu formulieren und durch Rückgriff auf einschlägige empirische Untersuchungen zu testen.

1.3. Ansatzpunkte der Kleingruppenforschung

Kleingruppenphänomene nehmen einen zentralen Ort in der soziologischen Forschung ein. Dies hat metasoziologische Gründe. So gab z. B. die Absicht einiger Sozialforscher wichtige Impulse, gegenüber dem Individualismus und dem Kollektivismus als Extrempositionen der Sozialphilosophie kritisch nachzuweisen, daß die soziale Existenz des Menschen durch vielstufige und mannigfaltige Sinnbezüge gegliedert ist und daß die Kleingruppen wichtige Träger dieser Sinnbezüge sind.

Das Interesse an der Gruppe als einem besonderen Sozialgebilde wird noch verstärkt durch drei wichtige Zusammenhänge. Die Kleingruppe ist zweifellos ein sozialer Bereich, in dem der Mensch den sozialen Zusammenhang unmittelbar und auch relativ dauerhaft erlebt, während der Bezug des Individuums zur Gesamtgesellschaft sehr indirekt und meistens durch Symbole vermittelt ist.

Ein zweites wichtiges Faktum besteht darin, daß die Gruppe eine der Nahtstellen zwischen den Individuen und der Gesamtgesellschaft darstellt. Hier veranschaulichen sich gesellschaftliche Wertvorstellungen und Normen und hier werden sie auch vermittelt. In der Kleingruppe werden sie von einer Abstraktion in konkrete Erlebnisse umgewandelt.

Drittens ist die Gruppe auch eines der wichtigsten personalen Handlungsfelder des Menschen. Hier ergeben sich Aktionsmöglichkeiten für das Individuum, und in dem Maße, in dem sie bestehen, erfährt es seine soziale und auch seine personale Existenz. Schon Paul Natorp, einer der Begründer der Sozialpädagogik, hat deutlich darauf hingewiesen, daß sich das Individuum an der Erfahrung des Mitmenschen prägt, also in einem personalen Interaktionszusammenhang, wie ihn die Kleingruppe bietet.

Die Kleingruppe ist also für das Hineinwachsen des Menschen in die Gesellschaft, sowohl für das Erlernen wichtiger Verhaltensweisen als auch für die Vermittlung von Kulturinhalten und Normen wie schließlich für das Erlebnis, eine Person zu sein, die auch ein Eigengewicht im sozialen Ganzen hat, unentbehrlich. So hat nicht allein der Wunsch, aus der Alternative Individualismus – Kollektivismus herauszukommen, sondern auch die reale Erkenntnis von der Bedeutung der Kleingruppe deren Erforschung schnell in das Spannungsfeld gesellschaftspolitischer Grundpositionen hineinwachsen lassen.

Dies geschah hauptsächlich durch eine Ideologisierung von Gruppenfunktionen im Sinne einseitiger Bewertung. So erschien die Kleingruppe dem einen als Hort emotionaler Sicherheit, dem anderen als Pflegestätte sozialer Tugenden und schließlich auch als ein besonders ergiebiges Leistungspotential. Diese Thesen sollen nun kritisch erörtert werden.

Befriedigt die Kleingruppe das Grundbedürfnis des Menschen nach emotionaler Sicherheit? Elton Mayo, einer der Begründer der Human Relations-Bewegung stellte die vielzitierte Behauptung auf: „Für uns alle stammt das Gefühl der Sicherheit und Gewißheit immer aus der zugesicherten Zugehörigkeit zu einer Gruppe. Ist diese Gruppenbindung einmal verloren, so kann kein finanzieller Gewinn, keine Sicherstellung des Arbeitsplatzes einen ausreichenden Ersatz dafür bieten. Dort, wo sich die Gruppen mit den Tätigkeiten und technischen Verfahren unaufhörlich verändern, bemächtigt sich des einzelnen unvermeidlich ein Gefühl der Vergeblichkeit und Leere[5]." Homans hat diese Auffassung durch seine These mit bekräftigt, daß Personen, die häufig miteinander in Interaktion stehen, dazu tendieren, einander zu mögen. Später stellt er allerdings fest, daß diese Bedingung nur bei völlig freiwilliger Gruppenzugehörigkeit gilt, eine Zusatzbedingung, die angesichts der wechselseitigen Abhängigkeiten, die jede Interaktion schafft, recht unpräzise bleibt. Richtig ist zweifellos, daß mit einer Verstärkung des Interaktionszusammenhangs sich auch die Gefühle der Beteiligten intensivieren. Die Menschen bleiben einander nicht gleichgültig, aber das muß nicht zu gegenseitiger Sympathie führen. Selbst dort, wo es einen beliebigen Wechsel der Gruppenmitgliedschaft gibt, können Spannungen auftreten. Außerdem unterbindet wiederum dieser Wechsel die Intensivierung der Gefühle, weil die Interaktionszusammenhänge gestört werden. Wo aber Kleingruppen einen sehr engen Zusammenhalt haben, wie z. B. in der Kernfamilie, können sich auch außerordentlich starke

[5] E. Mayo: Probleme industrieller Arbeitsbedingungen. Frankfurt/M. 1950. S. 191.

negative Gefühle bilden. Nicht ohne Grund sind die großen Dramen der Weltliteratur Dramen im kleinen Kreise. Die Dramatik der menschlichen Existenz, wie sie von den Dichtern empfunden worden ist, wird weitgehend bedingt durch Spannungen in einer Gruppe. Gerade sie erscheint als der Ort, wo der einzelne nicht gleichgültig sein kann, wo er sich emotional außerordentlich stark engagiert und wenig Distanzierungsmöglichkeiten besitzt. Kleingruppen können deshalb zwar ein Grundbedürfnis nach emotionaler Sicherheit befriedigen, sie tun es aber nicht in jedem Falle. Die emotionale Bindung kann zum persönlichen Verhängnis werden.

Fördert die Kleingruppe die freie Persönlichkeitsentfaltung? Wird das Individuum durch seine Zugehörigkeit zu einer Kleingruppe gefördert? Dies hängt eindeutig von der jeweiligen Gruppenstruktur ab. Den Beweis hierfür liefert ein bekanntes Experiment von Ralph White und Ronald Lippitt[6]. Die Verfasser führten in verschiedenen Clubs von Kindern und Jugendlichen Experimente durch Variation des Führungsverhaltens der erwachsenen Leiter durch. Es ergaben sich signifikante Unterschiede im Verhalten der Jungen unter autokratischer, demokratischer oder Laissez-faire-Führung. In der Laissez-faire-Gruppe arbeiteten die Kinder wenig und auch weniger gut. Es wurde mehr gespielt. Die Kinder, die unterschiedlichen Führungsstilen ausgesetzt waren, gaben aber in den Interviews der demokratischen Führung den Vorzug. In der demokratisch geführten Gruppe waren die Orientierung des einzelnen an der Gruppe und die Freundlichkeit unter den Gruppenmitgliedern besonders hoch. Die Leistung war zwar geringer als unter autokratischer Leitung, aber die Motivation zur Arbeit war stärker. In der autokratisch geleiteten Gruppe gab es mehr Abhängigkeit und weniger Individualität. Auch zeigten sich Anzeichen latenter Unzufriedenheit, die sich zur Feindseligkeit und Aggression auch gegen Sündenböcke steigern konnte.

---

[6] Vgl. R. White und R. Lippitt: Verhalten von Gruppenleitern und Reaktionen der Mitglieder in drei „sozialen Atmosphären". In: M. Irle (Hrsg.), Texte aus der experimentellen Sozialpsychologie. Neuwied 1969, S. 456 ff.

Man glaubte, aus diesen Experimenten entnehmen zu könne, daß eine demokratische Gruppenstruktur die Fähigkeit der
Mitglieder am besten entfalten kann. Hier spielen aber auch
andere Faktoren eine Rolle, z. B. der Konformitätsdruck der
Gruppenmitglieder bzw. die Toleranz gegenüber abweichendem Verhalten. Jedenfalls steht fest, daß Gruppen sehr wohl
aufgrund ihrer Struktur die Persönlichkeitsentfaltung hemmen
können. Das Ausmaß hängt davon ab, wie sehr das Individuum
in der Lage ist, sich der Kultur der Gruppe anzupassen bzw.
inwieweit es in der Lage ist, freien Zugang zu besonders geeig-
neten Gruppen zu finden. Mit Hilfe eines besonderen Verfah-
rens der Messung von „Attraktionen" und „Repulsionen"
(Soziometrie) hat J. L. Moreno eine Technik zur Schaffung
„freier", emotional ausgeglichener Gruppierungen entwickelt,
die als pädagogisches Hilfsmittel verwendet wird.

Fördert die Kleingruppe die individuelle Produktivität?
Leisten die Individuen in der Gruppe mehr, als wenn sie allein
arbeiten? Zweifellos ist eine Allgemeingültigkeit anstrebende
Ideologie der Teamarbeit nicht durch die Tatsachen begründet.
Es gibt insbesondere kreative Einzelleistungen, die im Gruppen-
zusammenhang nicht erbracht werden können. Auch hängt die
jeweilige Produktivität einer Gruppe von ihrer spezifischen
Struktur ab. Marvin E. Shaws Experimente mit Kommunika-
tionsstrukturen in Kleingruppen zeigten, daß die relativ beste
Leistung in einer Arbeitsgruppe dort auftrat, wo es eine klare
Über- und Unterordnung bzw. eine Vorgesetztenstruktur gab.
Es wurde kurzfristig der höchste Leistungsstandard erreicht.
Allerdings fühlten sich nicht alle Gruppenmitglieder sehr wohl
dabei. Die größte Zufriedenheit trat dort auf, wo die Gruppe
eine sogenannte Kreisstruktur hatte, d. h. wo alle Mitglieder
gleichrangig waren, immer miteinander in Beziehung standen
und gemeinsam Entschlüsse faßten. Effizienz setzte also eine
gewisse Machtungleichheit voraus, die jedoch eine relativ
schlechte Stimmung, geringe Lernfähigkeit und geringe Arbeits-
lust bedingte. Bei völliger Gleichrangigkeit hingegen war die

Pflege sozialer Beziehungen wichtiger als die Erhöhung der Leistung. Hieraus ist zu folgern, daß je nach der gestellten Aufgabe unterschiedliche Gruppentypen erforderlich sind[7].

Schließlich soll die These erörtert werden: Erleichtert die Kleingruppe die soziale Umweltanpassung? Überall dort, wo Gruppen sehr fest und ausgeprägt sind, stellen sie einen sozialen Mikrokosmos dar, der oft Züge der Selbstgenügsamkeit trägt. Die soziale Distanz zu den „Fremdgruppen" verstärkt die Integration der „Eigengruppe" (W. G. Sumner). Erst als Ergebnis einer langen Kulturentwicklung konnte der Familialismus, die Herrschaft des Clans so vermindert werden, daß die Individuen in der Lage waren, sich an übergeordneten, gesamtgesellschaftlichen Bezügen zu orientieren. Gruppen neigen auch häufig dazu, affektbetonte Vorurteile zu vermitteln. Besteht ein enger Zusammenhalt etwa aufgrund von Verwandtschaftsbeziehungen oder aufgrund langjähriger Zusammenarbeit, können Neulinge nur schwer kooptiert werden. Man bleibt gern in einer Gruppe unter sich. Die Kleingruppen des Alltags sind sehr oft traditionsbestimmt und anpassungsfeindlich. Selbstverständlich gibt es auch Kleingruppen als Träger sozialer Innovationen, man kann aber zusammenfassend feststellen, daß Kleingruppen an sich weder positiv noch negativ zu bewerten sind. Sie sind eine der Grundtatsachen unseres sozialen Lebens, deren positive Ideologisierung zu einem Orientierungsverlust führt. Stattdessen kommt es darauf an, Gruppenstrukturen in ihrem jeweiligen Situationszusammenhang zu analysieren und daraus genauere Aufschlüsse über ihre soziale Auswirkungen zu erhalten.

Fragen zur Arbeitskontrolle

1. Welche drei Hauptmerkmale kennzeichnen soziale Interaktionen?

---

[7] Vgl. H. Fischer: Gruppenstruktur und Gruppenleistung. Bern und Stuttgart 1962, insbes. S. 102 ff.

2. Wie lautet die zentrale These der behavioristischen Interaktionstheorie von Homans?

3. Charakterisieren Sie kurz die fünf Postulate, mit denen Homans soziales Verhalten erklärt.

4. Welche Einwände gibt es gegen die Theorie von Homans?

5. Welche Hauptaspekte der Interaktion betrachtet Parsons in seiner Theorie?

6. Was versteht Parsons unter a) Internalisierung von Normen, b) Institutionalisierung?

7. Welche vier funktionalen Erfordernisse müssen nach Parsons für die Begründung eines sozialen Systems erfüllt sein?

8. Wann ist nach Parsons Systemveränderung möglich?

9. Worin unterscheidet sich die symbolische Interaktionstheorie von behavioristischen und funktionalistischen Ansätzen?

10. Welche Voraussetzungen sind zur Bewahrung von Ich-Identität im Interaktionsprozeß erforderlich?

11. Welche Arten sozialer Gebilde unterscheidet Cooley?

12. Worin unterscheidet sich der soziologische vom statistischen Gruppenbegriff?

13. Wie erklärt Homans den Prozeß der Gruppenbildung?

14. Was ist Gruppenkohäsion?

15. Wie erklärt Homans den Prozeß sozialer Differenzierung in der Gruppe?

16. Welche Funktionen hat Führung in der Gruppe?

17. Nennen Sie mehrere Einwände gegen die Kleingruppen-Theorie von Homans.

18. Wodurch entsteht Konsensus zwischen Menschen?

19. Nennen Sie einen metasoziologischen Grund für das Interesse an Kleingruppenforschung.

20. Welche drei Besonderheiten begründen die Bedeutung sozialer Kleingruppen?

21. Welche drei Ansatzpunkte gibt es für die Ideologisierung von Gruppenfunktionen?

22. Wie ist die Schaffung emotionaler Sicherheit durch die Gruppe zu beurteilen?

23. Fördert die Kleingruppe die freie Persönlichkeitsentfaltung?
24. Was ist Soziometrie?
25. Wovon hängt die Produktivität der Kleingruppe ab (Experimente von Shaw)?
26. Erleichtert die Kleingruppe die soziale Umweltanpassung?
27. Wodurch wird die Integration der „Eigengruppe" verstärkt?

2. Organisierte Zweckgebilde

Das soziale Handlungsfeld des Menschen wird nicht allein durch lockere Interaktionszusammenhänge und durch Kleingruppen mit vorwiegend personalen Sozialkontakten geprägt. Für moderne Gesellschaften typisch ist die weitgehende Einordnung des Individuums in soziale Gebilde, die zur Erreichung festgelegter Ziele geschaffen worden sind und hierzu spezifische Leistungen der Mitglieder benötigen, die durch entsprechende Verhaltensdisziplinierung erbracht werden. Derartige organisierte Zweckgebilde sind z. B. Behörden, Unternehmen, Schulen, Krankenhäuser usw. Ihnen allen sind folgende Merkmale gemeinsam:

(1) die Festlegung einer Zielstruktur, die durch Erstellung ganz bestimmter Leistungen verwirklicht werden soll;

(2) der zweckentsprechende Einsatz verfügbarer Mittel nach dem Maßstab der Leistungswirksamkeit;

(3) die formale Koordination aller Personen, die Leistungsträger sind. Dies geschieht durch Zurückdrängung spontaner zugunsten normierter Verhaltensweisen und durch ihre Zuordnung zum Zwecke eines effizienten Zusammenwirkens. Hierbei ergibt sich in der Regel auch eine Abstufung der Befugnisse, also die Schaffung von Über- bzw. Unterordnungsverhältnissen;

(4) erfolgt diese Organisation (Zuordnung von Aufgaben an Leistungsträger und deren Zusammenwirken) nach zweckbezogenen und in diesem Sinne rationalen Krite-

rien. Hierdurch wird es möglich, ein organisiertes Zweckgebilde jederzeit auf die Erfüllung des Zweckes auszurichten und entsprechend zu kontrollieren. Organisation
schafft also die Möglichkeit kontrollierter Leistungswirksamkeit.

Wir können zusammenfassend organisierte Zweckgebilde als
Leistungsgefüge definieren, die durch rationale Zuordnung von
Verhaltensweisen im Sinne einer vorgegebenen Zwecksetzung
kontrollierbar gemacht wurden.

Man kann die Begriffe „organisiertes Zweckgebilde" und
„Organisation" synonym verwenden. Dann muß allerdings
beachtet werden, daß es Soziologen gibt, die „Organisation"
nicht als Gebilde, sondern als Verfahrensweise betrachten.
Dementsprechend weisen sie darauf hin, daß sich Elemente der
Organisation in allen sozialen Beziehungen, also auch in Primärgruppen nachweisen lassen. Ein organisiertes Zweckgebilde
unterscheidet sich aber von einer Primärgruppe dadurch, daß
durch Organisation im Sinne der normierenden Zuordnung
von Verhaltensweisen eine Leistungseinheit entsteht, die nicht
mehr universell die Bedürfnisse der Mitglieder maximiert, sondern das Ausmaß der Zielerreichung. Dies schließt selbstverständlich nicht aus, daß innerhalb organisierter Zweckgebilde
soziale Kleingruppen entstehen, in denen die Rollenstruktur
diffus bleibt, also einen wesentlich niedrigeren Spezialisierungs-
grad aufweist, als die Rollenstruktur des organisierten Zweckgebildes.

Wichtig ist eine Abgrenzung des soziologischen Begriffs
„soziales Zweckgebilde" gegenüber dem Begriff „Organisation", wie er in der Betriebswirtschaftslehre Verwendung findet.
Zwar sieht der Betriebswirt in der Betriebsorganisation auch
eine Zuordnung von Funktionen zum Zwecke der Erstellung
von Leistungen. Die Organisation erscheint ihm aber als nor-
matives System, dessen Verwirklichung also durch Einhaltung
normativer Vorschriften erreicht werden soll, wobei man sich
an bestimmten Prinzipien, wie z. B. der Rentabilität und Effi-

zienz orientiert. Selbstverständlich berücksichtigt der Soziologe auch die normative Struktur eines organisierten Zweckgebildes. Er untersucht aber alle Wirkungszusammenhänge, nicht nur diejenigen, die den Leistungserfolg betreffen. Außerdem wird aus soziologischer Sicht die Zweckorientierung der Organisation selbst schon zu einem Problem. Es kann keineswegs vorausgesetzt werden, daß eine bestimmte Organisation aus soziologischer Sicht von vornherein über eine klar definierte Zielsetzung verfügt. Oft widersprechen tatsächliche und vorgebliche Zwecke einander auch im Selbstverständnis der unmittelbar Beteiligten. Der Zweckbegriff muß außerdem sowohl in einem Wertkontext, d. h. hinsichtlich der Orientierung an Werten, als auch einem Kausalkontext, d. h. hinsichtlich einer Orientierung an Zweck-Mittel-Wirkungen betrachtet werden. Hierauf hat insbesondere N. Luhmann hingewiesen[8]. Häufig divergieren auch die Zwecke, die zur Ableitung entsprechender Mittelkombinationen dienen, von den Werten, die extern oder auch intern zur Legitimation solcher Zwecksetzungen verwendet werden. Deutlich werden derartige Widersprüche etwa an der möglichen Divergenz volkswirtschaftlicher und betriebswirtschaftlicher Funktionen von Unternehmen oder an der gesamtgesellschaftlich vorgegebenen Zielsetzung der Schulen und der den Schulbetrieb bestimmenden Verwaltungsnormen. Noch komplexer wird das Problem der Zwecksetzung, wenn auch interne strukturelle Spannungen mit berücksicht werden, die zu unterschiedlichen Wert- und Zweckinterpretationen seitens beteiligter Interessengruppen führen können. Der Soziologe untersucht also Leistungsgefüge nicht nur allein unter dem Leistungsaspekt, sondern hinsichtlich des Zusammenwirkens von Menschen in seinen verschiedenartigsten Erscheinungsformen, Voraussetzungen und Konsequenzen.

Häufig werden in soziologischen Schriften „Organisation" bzw. „organisiertes Zweckgebilde" und „Institution" synonym

[8] Vgl. N. Luhmann: Zweckbegriff und Systemrationalität. Tübingen 1968, S. 19 ff.

verwendet. Der Unterschied besteht in der Art der Sanktionierung von Verhaltensweisen. In der Organisation werden Verhaltensweisen normiert und formalisiert unter einem bestimmten Leistungsaspekt. Die entsprechende Sanktion gilt aber nur
innerhalb dieses Gebildes. Innerhalb einer Institution erfolgt
eine Verhaltenskontrolle, die viel umfassender ist. Sie wird
gesamtgesellschaftlich verankert. So hat z. B. die Ehe einen
Institutionsaspekt als gesellschaftlich sanktionierte Ordnungsform zwischenmenschlichen Verhaltens, die nach außen hin
durch rechtliche Bestimmung fixiert und auch symbolisiert wird
(Namensänderung der Frau). Eine *Institution* ist also die gesellschaftlich sanktionierte Ordnungsform sozialer Beziehungen,
wobei die *gesamtgesellschaftlich verbindliche Normierung* des
Verhaltens ausschlaggebend ist. Viele organisierte Zweckgebilde haben auch Institutionsaspekte in dem Maße, in dem
bestimmte Teilbereiche des in ihnen zu realisierenden Verhaltens durch gesamtgesellschaftlich gültige Regeln vorgeschrieben
sind. So wird z. B. die Struktur der Unternehmungen u. a. durch
handels-, gesellschafts- und arbeitsrechtliche Vorschriften mitbestimmt. Besonders wichtig ist, daß in der modernen Gesellschaft fortwährend Institutionalisierungsprozesse ablaufen, von
denen auch organisierte Zweckgebilde erfaßt werden. Unter
Institutionalisierung ist hierbei die gesamtgesellschaftlich verbindliche Formalisierung und Normbindung bestimmter Verhaltensweisen zu verstehen. In der Regel ist der Institutionalisierungsprozeß an den Erlaß von Gesetzen und Verordnungen
gebunden, es sind aber auch Fälle denkbar, daß traditionsbe-
stimmte Sitten eine Art „gewohnheitsmäßige" Institutionalisierung schaffen. Jeder Institutionalisierungsprozeß führt zu
einer formalen Verfestigung des betreffenden organisierten
Zweckgebildes, die aber nicht mit dessen tatsächlicher sozialer
Stabilisierung identisch sein muß: Ein striktes Hochschulrecht
garantiert noch nicht die Kooperation von Professoren und
Studenten.

2.1. Die Struktur organisierter Zweckgebilde

Ausgangspunkt einer soziologischen Strukturanalyse organisierter Zweckgebilde ist meistens eine Theorie des *sozialen Systems*. In seiner allgemeinsten Form kann dieses als Wirkungszusammenhang voneinander abhängiger Interaktionspartner definiert werden. Je nach dem Standort des Autors wird sodann der soziale Wirkungszusammenhang durch Analogieschluß als Mechanismus, als Organismus oder als Regelkreis beschrieben. Hieraus ergeben sich dann regelmäßig Anwendungsschwierigkeiten, da kontinuierliche und regelmäßige Interaktionszusammenhänge durch die von der jeweiligen Interessenlage der Beteiligten abhängige Bewußtseins- und Willensstruktur beeinflußt werden. Wenn man den Begriff des sozialen Systems auf organisierte Zweckgebilde anwenden will, muß also vermieden werden, daß eine einseitige Zweckbindung der Individuen angenommen und daraus ein harmonistisches Integrations- und Anpassungsschema abgeleitet wird. Gerade weil organisierte Zweckgebilde das Verhalten der beteiligten Personen nur partiell binden, bleiben deren nicht derartig zweckgebundene Einstellungsweisen und Interessen ein permanenter Störungsfaktor. Es kann deshalb mit einiger Berechtigung jedes organisiertes Zweckgebilde auch als ein *soziales Spannungsfeld* betrachtet werden, in dem die Menschen zwar durch Wechselwirkungen miteinander verbunden sind, dieser Zusammenhang jedoch prinzipiell offen für konfliktfördernde, -hemmende oder -neutralisierende Veränderungen ist.

Wenn man zunächst von Umweltsbeziehungen absieht, läßt sich die soziale Binnenstruktur eines organisierten Zweckgebildes als soziales Spannungsfeld auffassen, dessen beide Pole die sanktionierte Rahmenordnung und das Interaktionsgefüge sind (Abb. 1).

Zur *Rahmenordnung* gehören alle zweckbezogenen Merkmale der Organisation, die ohne Berücksichtigung einer bestimmten Person oder Gruppe formale Gültigkeit beanspruchen und deren Beachtung bzw. Befolgung erzwungen werden kann. Die Rahmenordnung kann also bestehen bleiben, auch wenn die in ihr wirkenden Personen wechseln.

Im einzelnen handelt es sich hierbei um die *Funktionen* (zweckgerichtete Wirkungsweisen) bzw. Funktionskreise der in der Organisation Tätigen. Sie ergeben sich aus dem Organisationszweck, sowie aus Art und Ausmaß der sozialen Differenzierung in Richtung einer Aufgabenteilung. Ohne diese Grundbedingung der Festlegung des jeweiligen funktionellen Beitrags sowie des Funktionszusammenhangs kann kein Zweckgebilde bestehen.

Ein zweiter Aspekt der Rahmenordnung ist die Festlegung und Verteilung von *Vollmachten*. Erst durch die Gewährlei-

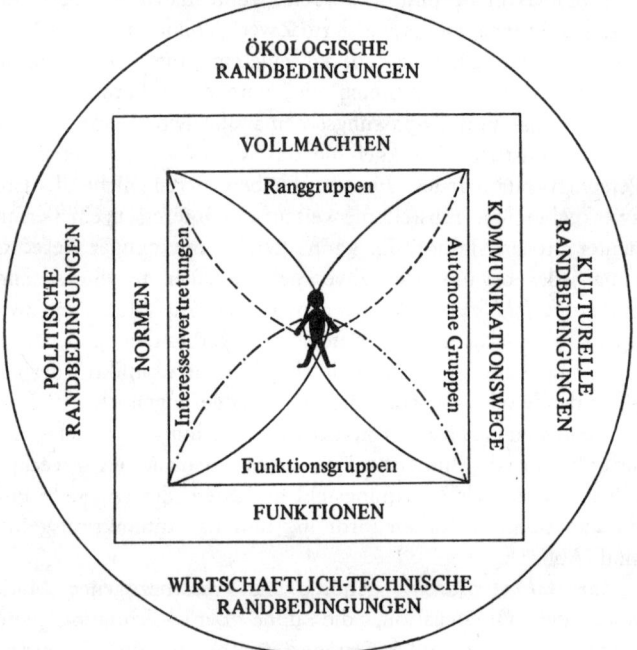

Abb. 1. Das soziale Spannungsfeld der Organisation

stung derartiger Befugnisse über Sachen und Menschen werden die Funktionen der Mitglieder unter einheitlichen Gesichtspunkten einander zugeordnet. Dieser Vorgang ist notwendig, aber auch problematisch. Denn eng mit der Festlegung von Vollmachten hängt die Entstehung von Autoritäts- und Statussymbolen zusammen. Pointiert ließe sich sagen, daß es in der Entstehungsgeschichte jedes organisierten Zweckgebildes einen „sozialen Sündenfall" gibt, durch den soziale Ungleichheit und damit zugleich ein organisationsveränderndes Spannungsmoment begründet wird.

Um die Funktions- und Vollmachtausübung kontrollierbar zu machen, ist ein System von *Normen,* d. h. von Verhaltensregeln erforderlich. Ihnen liegen ganz bestimmte Zielvorstellungen zugrunde, die sich aus dem allgemeinen Organisationszweck ableiten lassen. Sie sind also in der Regel leistungsbezogen, wobei Art und Ausmaß dessen, was als „Leistung" gilt, vom Organisationszweck und von dessen Interpretation durch „maßgebende" Autoritätsträger abhängt.

Schließlich ist als vierter Aspekt der Rahmenordnung die Einrichtung und Festlegung der *Kommunikationswege* zu erwähnen. Hierbei geht es um die Ermöglichung des horizontalen und vertikalen Austausches von zweckdienlichen Informationen.

In der sozialen Wirklichkeit finden sich organisierte Zweckgebilde mit mehr oder weniger stark ausgeprägter und sanktionierter Rahmenordnung. Die organisierten Zweckgebilde lassen sich geradezu nach dem Ausmaß einteilen, in dem ihre jeweilige Rahmenordnung Verhaltensspielräume für die Mitglieder zuläßt. Relativ feste Rahmenordnungen mit Zwangscharakter haben z. B. geschlossene Anstalten, deren Insassen sich den Verhaltensregeln unbedingt fügen müssen (Gefängnisse, Heilanstalten). Relativ lockere Rahmenordnungen hingegen finden wir bei freien Vereinigungen, die auf der Zustimmung jedes Mitgliedes beruhen (z. B. genossenschaftlich strukturierte Clubs). Wichtig ist jedoch die Tatsache, daß in keinem

organisierten Zweckgebilde eine sanktionierte Rahmenordnung
völlig fehlt.

Innerhalb der jeweiligen Rahmenordnung finden nun die
zahllosen tatsächlichen Wechselbeziehungen zwischen Individuen und Gruppen statt. Sie konstituieren das *Interaktionsgefüge*, den Träger des eigentlichen „Soziallebens" des organisierten Zweckgebildes. Auch hier können verschiedene Merkmale unterschieden werden. Unter der Voraussetzung, daß
durch den vom Zweck her gegebenen Leistungszusammenhang
kein Individuum sozial isoliert bleiben kann, wird die Bedeutung der verschiedenen Formen spezieller Gruppierungen im
Interaktionsgefüge deutlich. Ihre Differenzierung kann nach
dem Ausmaß erfolgen, in dem sie formal auf den Organisationszweck bezogen oder informal ohne direkten Zusammenhang mit ihm konstituiert wurden. Im Interaktionsgefüge können wir also einen formalen und einen informalen Struktur-
aspekt unterscheiden.

Funktionsgruppen entstehen zunächst formal durch Zuordnung von Mitgliedern der Organisation im Rahmen eines
Funktionszusammenhangs. Sie können sich aber auch informal
durch spontane Bindung der zunächst nur formal koordinierten
Personen festigen. So können wir z. B. im Industriebetrieb
innerhalb formaler Arbeitsteams auch informal strukturierte
Arbeitsgruppen feststellen.

Einen anderen Enstehungsgrund haben die *Ranggruppen* als
Verbindungen von Personen mit gleicher Stellung innerhalb der
Autoritäts- bzw. Statushierarchie. Ein entsprechendes Zugehö-
rigkeitsgefühl kann durch tatsächlich gleiche Vollmachten, aber
auch durch Beteiligung an den gleichen Autoritäts- und Statussymbolen geweckt werden.

Neben diesen beiden Gruppentypen gibt es noch *autonome*
Interaktionszusammenhänge, die nicht durch den Organisationszweck vorausbestimmt sind, sondern entweder durch von
der Umwelt vermittelte soziale Bindungen oder durch soziale

Kontakte außerhalb der normierten Verhaltenszonen entstehen. Die meisten organisierten Zweckgebilde weisen eine derartige Infrastruktur „informaler" Kleingruppen auf (Freundeskreise, Freizeitgruppen).

Da objektive Zwecksetzung der Organisation und subjektive Interessenlage eines Mitgliedes nicht zwingend identisch sein müssen, ergeben sich Spannungen, die ihren Ausdruck ebenfalls in sozialen Gruppierungen finden. Ihre Basis ist eine gleiche oder ähnliche *Interessenlage,* ihr Zweck die Berücksichtigung dieser Interessenlage bei der Planung, Durchführung und Kontrolle von Aktivitäten innerhalb der Organisation. Derartige Gruppierungen können ihrer Form nach von informalen Cliquen bis hin zu formal anerkannten Interessenvertretungen reichen.

Die tatsächliche Erscheinungsweise eines organisierten Zweckgebildes zu einem gegebenen Zeitpunkt läßt sich aus dem Zusammenwirken aller dieses soziale Spannungsfeld konstituierenden Kräfte erklären. Wichtig ist, daß jede soziale Rolle, die eine Person als Mitglied eines organisierten Zweckgebildes übernimmt, zwar durch die Rahmenordnung vorgeprägt, innerhalb des Interaktionsgefüges jedoch aktualisiert wird. Da kein organisiertes Zweckgebilde sozial autark ist, müssen auch die Herausforderungen der sozialen Umwelt und die entsprechende Reaktion der Organisation mit beachtet werden. In unserem Schaubild wird zwischen ökologischen (Standort-), wirtschaftlich-technischen, politischen und allgemein kulturellen „Randbedingungen" der Organisation unterschieden. Eine soziologische Theorie sozialer Zweckgebilde muß diese Einflußgrößen stets berücksichtigen. Auch bei formal gleichen Rahmenordnungen arbeitet z. B. die Tochtergesellschaft eines deutschen Industriekonzerns in einem Entwicklungsland unter Bedingungen, die mit denen in der Bundesrepublik kaum vergleichbar sind.

Aus unserem Strukturmodell eines organisierten Zweckgebildes läßt sich auch eine *Typologie der sozialen Konflikte* ableiten, die auf Widersprüche in dieser Struktur oder in einzelnen ihrer Teile zurückzuführen sind. Zunächst können diese Widersprüche in der sanktionierten Rahmenordnung selbst liegen. Unklare Funktionsabgrenzungen, Kompetenzstreitigkeiten, widerstreitende Handlungsmaximen bzw. Normen und unzureichende Informationsmöglichkeiten sind in organisierten Zweckgebilden häufig festzustellen. Außerdem sind Funktionen, Vollmachten, Normen und Kommunikationswege auch untereinander interdependent. Bei besonders weitreichenden Normkonflikten z. B. können alle anderen Aspekte der Rahmenordnung in Mitleidenschaft gezogen werden. Häufig ist es dann schwer, zwischen Ursache und Folge zu trennen, weil den Beteiligten die Folgeerscheinungen, insbesondere wenn sie mit Autoritäts- und Prestigefragen verknüpft sind, vorrangig erscheinen.

Derartige Widersprüche der Rahmenordnung werden im Verhalten der Menschen, also in ihren Interaktionen sichtbar. Das soziale Interaktionsgefüge selbst kann aber auch Widersprüche aufweisen, die zu Konflikten führen. Es sei z. B auf rivalisierende Gruppen, Intrigen und Interessenkollisionen hingewiesen. Hierbei spielen oft auch Faktoren der Rahmenordnung eine verstärkte Rolle.

Schließlich kann Konfliktursache auch der einzelne Mensch sein, der seine Persönlichkeitsstruktur, seine subjektiven Erwartungen mit in das soziale Spannungsfeld des Zweckgebildes hineinbringt, in dem er sich behaupten will. Es besteht sogar die Tendenz, Konflikte zu „personalisieren", d. h. das Versagen von Organisationsstrukturen bestimmten Personen anzulasten. Es gibt aber zahlreiche Konfliktsituationen, die von einer Person allein gar nicht zu bewältigen sind, weil diese die Beeinflussungsfaktoren nicht allein kontrollieren kann. Die Personalisierung von Strukturkonflikten weist also häufig ein ideologisches Moment auf.

Die wohl wichtigste Konfliktursache in organisierten Zweckgebilden entsteht aus der Spannung zwischen den aus objektiver

Zwecksetzung entstehenden Sacherfordernissen und den subjektiven Interessenlagen der Beteiligten. Die Möglichkeit, durch absoluten Vorrang der objektiven Zwecksetzung Interessenlagen autoritär zu unterdrücken, ist ebenso wenig konfliktlösend wie die Möglichkeit von pressure groups, die objektive Zwecksetzung durch weitgehende Berücksichtigung ihrer Partikularinteressen zu subjektivieren. In beiden Fällen entstehen unterprivilegierte Gruppen innerhalb der Organisation. Leistungswirksamkeit läßt sich also langfristig nur auf der Basis des Interessenausgleichs erzielen, wie auch andererseits die Basis des Interessenausgleichs eine hinreichende Leistungswirksamkeit ist. Ohne Leistungswirksamkeit der Organisation entfällt deren Daseinszweck. Ohne Interessenausgleich innerhalb der Organisation entsteht keine hinreichende Motivation der Beteiligten zur Anerkennung der Leistungsbedingungen.

2.2. Ansatzpunkte der Organisationsforschung

Organisierte Zweckgebilde haben sich aus den Prototypen der Kirchenverwaltung, der Heeresorganisation und der spätfeudalen Hofhaltung in vielfältigster Weise zu wesensbestimmenden Merkmalen moderner Gesellschaftsformen herausgebildet. Diese schon im 19. Jahrhundert erkannte Tatsache wurde **insbesondere durch die 1887 erstmals** erschienene Veröffentlichung „Gemeinschaft und Gesellschaft" von Ferdinand Tönnies zu einem Hauptthema soziologischer Diskussion. Der „Gemeinschaft", die Tönnies insbesondere in der Verwandtschaft, der Nachbarschaft und Freundschaft verwirklicht sieht, die also im wesentlichen Kleingruppenmerkmale trägt, wird die „Gesellschaft" als eine durch Interessengegensätze geprägte rationale Leistungsordnung gegenübergestellt. Organisierte Zweckgebilde entsprechen also dem Gesellschaftstyp im Sinne von Tönnies. Die Verdrängung und zum Teil auch Zerstörung traditioneller Gemeinschaftsformen durch das Vordringen organisierter Zweckgebilde wurde von Tönnies und seinen Nachfolgern zum Anlaß für kulturpessimistische Feststellungen genommen, die sich bis in die Gegenwart hinein, vor allem in sozialphilosophischen und sozialpädagogischen Diskussionen, auswirken. Wurde einerseits die „Organisation" im Sinne eines sozialen Zweckgebildes mit dem Hinweis auf den funktionellen Charakter der durch sie geschaffenen Sozialbeziehungen abgewertet, so wurde sie andererseits mit dem gleichen Argument als Träger neuartiger kollektiver Leistungen verherrlicht. Diese wertenden Akzente spielen auch in der gegenwärtigen Organisationsforschung noch eine Rolle, und es ist wichtig, die entsprechenden theoretischen Positionen ideologiekritisch zu analysieren. Dies soll anhand der Darstellung von drei grundlegenden Thesen der Organisationsforschung verdeutlicht werden.

Der klassische Ausgangspunkt der soziologischen Organisationsforschung sind die gesamtgesellschaftlichen Konsequenzen organisierter Zweckgebilde. Hierbei steht im Mittelpunkt die *Bürokratisierungsthese,* d. h. die Annahme einer zunehmenden Bedeutung solcher sozialer Gebilde, die durch eine Instanzenhierarchie für formalisierte Sachentscheidungen nach zweckrationalen Kriterien gekennzeichnet werden. Karl Marx und später Max Weber sowie Robert Michels haben sich ausführlich mit dem gesamtgesellschaftlichen Aspekt des säkularen Bürokratisierungsprozesses auseinandergesetzt. Die Frühmarxisten betrachteten die Bürokratie noch als ein auf die staatliche Verwaltung begrenztes Phänomen, dessen Bedeutung dementsprechend auch von der Funktion des Staates als einem Instrument der herrschenden Klasse abgeleitet wird. Während W. I. Lenin und L. Trotzki noch meinten, der Prozeß der Bürokratisierung und damit das Überwiegen von organisierten Zweckgebilden könnte unter den Bedingungen des fortschreitenden Sozialismus bzw. Kommunismus rückläufig werden, haben Autoren wie B. Rizzi und J. Burnham darauf hingewiesen, wie gerade auch in den sozialistisch regierten Ländern die Bürokratie geradezu Züge einer neuen Klasse annimmt. Max Webers Ansatz war demgegenüber umfassender. Für ihn hängt der Bürokratisierungsprozeß der modernen Gesellschaft eng mit dem Trend zur fortschreitenden Rationalisierung zusammen. Allerdings handelt es sich mehr um eine Rationalisierung der Mittel als der Ziele, die letztlich auch in den Zweckgebilden irrational determiniert bleiben. Max Weber war auch weit von einer idealisierenden Auffassung der sozialen Zweckgebilde entfernt. Er sah genau, daß die Durchsetzung unpersönlicher Verhaltensregeln zwar Garantien gegenüber einer Willkürherrschaft bietet, andererseits aber auch dem Rechtsformalismus Wege ebnet, die von der Verwirklichung substantieller Gerechtigkeit wegführen. Auf den Beitrag von Michels zur Organisationsforschung wird an anderer Stelle, im Kapitel über Macht und Herrschaft, eingegangen werden.

Durch Reduktion der Bürokratisierungsthese auf Phänomene „mittlerer Reichweite" und Ausklammerung sozialkritischer und aufklärerischer Intentionen konnte sich eine formalisierte Organisationsforschung entwickeln, in deren Mittelpunkt die Effizienz problemlösender Entscheidungsinstanzen steht. Dieser nichtempirische, abstrakte Forschungsansatz wird vor allem von der amerikanischen Organisationstheorie vertreten, die unter Einbeziehung nicht-rationaler Verhaltensweisen vor allem die Struktur von Entscheidungsprozessen in Großorganisationen erklären will. Herbert A. Simon, einer ihrer Hauptvertreter, zeigte anhand von Modellbetrachtungen sehr eindringlich, wie unterschiedliche Rationalitätsgrade bei der Situationsanalyse die Entscheidungsmöglichkeiten des Individuums in einer Organisation begrenzen. R. M. Cyert und J. G. March konnten darüber hinaus noch ein Bezugssystem für Entscheidungsprozesse erarbeiten, dem ein Organisationsbild zugrunde liegt, das durch die Koalition der jeweiligen Teilnehmer bestimmt wird, deren Werte und individuelle Zielsetzungen oft miteinander in Konflikt geraten. Die neueste Entwicklung in diesem Bereich ist durch die Anwendung der Kybernetik auf Organisationsprobleme ausgelöst worden. Hierbei besteht jedoch die Gefahr einer unkritischen Analogie zwischen selbstkontrollierenden Maschinen und Organisationen, die stets soziale Gebilde sind.

Eine Konfliktlösung in Organisationen kann nur bedingt als technisches Problem des richtigen Informationsflusses begriffen werden. Sie ist in erster Linie ein politisches Problem des Interessenausgleichs.

Die soziologische Organisationsforschung wurde nachhaltig von der sogenannten *Human-Relations-These* beeinflußt. Ausgangspunkt ist die Einsicht, daß auch in organisierten Zweckgebilden soziale Primärbeziehungen bestehen bleiben und in gewissem Sinne für die Integration des Individuums in eine gegebene Organisation notwendig sein können. Ausgangspunkt sind also das Verhalten und die Bedürfnisse des Individuums. Sie werden in überschaubaren Interaktionszusammenhängen, wie sie durch verschiedenartige formale und informale Gruppenbildungen entstehen, näher untersucht. Das besondere Interesse an Verhaltensweisen von Einzelpersonen und Gruppen hat aber zu einer Vernachlässigung der organisatorischen Rahmenordnung geführt, in der sich stets auch übergreifende Macht- und Herrschaftsstrukturen widerspiegeln. Die mikrosoziologische Sichtweite der Human Relations-Theoretiker wäre also durch die makrosoziologische Sichtweise der Bürokratisierungs-Theoretiker zu ergänzen.

Einen Versuch zur Synthese dieser Richtungen bietet die Theorie des sozialen Systems von Talcott Parsons, die zugleich eine Grundlegung der allgemeinen Theorie der Organisation darstellt. Parsons sieht die Entstehung von Organisationen bedingt durch die Institutionalisierung sozialer Werte in differenzierten Funktionalzusammenhängen. Auf der Interaktionsebene entspricht, wie schon erwähnt, diesem Vorgang ein Internalisierungsprozeß, an dem die beteiligten Individuen teilhaben. Die Überbetonung der sozialen Wertbindung in Organisationen durch Parsons ist aber eine Schwäche seiner Konzeption, denn es gibt eine ganze Reihe von Organisationen, die keineswegs ihren Zusammenhalt der gemeinsamen Anerkennung sozialer Werte seitens der Beteiligten verdanken. Deshalb fordert der integrative Ansatz von Parsons eine Ergänzung durch eine mehr konfliktorientierte Sichtweise geradezu heraus.

In der gegenwärtigen Organisationsforschung spielt deshalb die *Interessenkonflikt-These* eine bedeutsame Rolle. In diesem Zusammenhang ist neben D. Lockwoods Kritik an Parsons vor allem der Versuch R. Dahrendorfs zu erwähnen, eine Theorie des Klassenkonflikts als Interessenkonflikt in sozialen Großorganisationen zu begründen. Besonders fruchtbar waren auch die empirischen Untersuchungen von M. Dalton über die internen Machtkämpfe von Cliquen in Organisationen und die Studien von M. Crozier über Machtstrukturen in zwei französischen Behörden.

Allmählich zeichnet sich eine diese Problemansätze integrierende Forschungsentwicklung ab: Das Bild des Menschen in der Organisation, der nach Ansicht der Human-Relations-Schule auf Erlangung von Freundschaft und emotionaler Sicherheit abzielt, und das Bild der problemlösenden Entscheidungsinstanz, wie sie die formale Organisationstheorie zeichnet, werden ergänzt durch ein neues Bild des politischen Menschen, der innerhalb seiner Organisation vor allem bestrebt ist, seiner Interessenlage gemäß zu handeln und Erfolge zu erzielen. Damit einher geht der Versuch, empirische Untersuchungen nicht allein auf die Funktionsfähigkeit und Effizienz der Organisationen auszurichten, sondern auch die Möglichkeiten zu erforschen, den Beteiligten im Rahmen moderner bürokratischer Gebilde die individuelle und gruppenzentrierte Initiative zu erhalten.

Fragen zur Arbeitskontrolle

1. Was versteht man unter einem organisierten Zweckgebilde?
2. Wie ist der Begriff des Zweckgebildes vom soziologischen Organisationsbegriff abzugrenzen?
3. Worin unterscheidet sich der Begriff des Zweckgebildes vom betriebswirtschaftlichen Organisationsbegriff?
4. Welche Probleme entstehen bei Widersprüchen zwischen dem Wert- und dem Kausalkontext des Zweckbegriffs?

5. Was ist unter Institution zu verstehen?
6. Wodurch wird Institutionalisierung gekennzeichnet?
7. Nennen Sie drei Ansatzpunkte für Theorien sozialer Systeme.
8. Welche zwei Bestandteile hat die soziale Binnenstruktur eines organisierten Zweckgebildes?
9. Charakterisieren Sie die Rahmenordnung (alle Bestandteile erläutern!).
10. Charakterisieren Sie das Interaktionsgefüge (alle Bestandteile erläutern!).
11. Welche hauptsächlichen Umwelteinflüsse wirken auf das Zweckgebilde?
12. Erläutern Sie typische soziale Konflikte im Zweckgebilde.
13. Wie ist die Spannung zwischen Sacherfordernissen und Interessenlagen zu vermindern?
14. Wie unterscheidet Tönnies zwischen „Gemeinschaft" und „Gesellschaft"?
15. Erläutern Sie die Bürokratisierungsthese.
16. Wodurch wird die formalisierte Organisationsforschung gekennzeichnet (z. B. bei Simon)?
17. Welche Einschränkung ist bei kybernetischen Organisationsmodellen zu machen?
18. Erläutern Sie die Human Relations-These.
19. Worin besteht ihre Begrenzung?
20. Welcher Haupteinwand besteht gegen die Theorie des Sozialen Systems von Parsons?
21. Erläutern Sie die Interessenkonflikt-These.
22. Welche Typen des organisationsbezogenen Menschenbildes lassen sich unterscheiden?

3. Kollektive Verhaltensweisen

In Kleingruppen und organisierten Zweckgebilden sind die Verhaltensweisen der beteiligten Menschen relativ strukturiert. Sie verfestigen sich in sozialen Rollen und sind an einer übergreifenden Ordnung orientiert, auch wenn sie dieser entgegenwirken. Daneben gibt es aber einen für das Verständnis gesellschaftlicher Vorgänge wichtigen Bereich *unstrukturierter Verhaltensweisen*, die als Kollektivphänomene beschrieben werden können, weil sie in der Regel durch die gleichzeitige Einwirkung von Umweltreizen auf eine Vielzahl von Menschen entstehen. Beispiele sind das Verhalten der Zuschauer bei einem Fußballspiel, beim Fasching, die Panik in größeren Menschenansammlungen, Zusammenrottungen bei Revolten, aber auch Massenhysterie im Anschluß an eine Fernsehsendung oder die Ausbreitung einer Modeströmung. Hauptmerkmale dieser Kollektivphänomene sind:

(1) der Abbau sozialer Kontrollen, was sowohl zu emotionaler Enthemmung als auch zu größerer Spontaneität des Verhaltens führen kann;

(2) der Zerfall bestehender Rollenstrukturen, wodurch die Regellosigkeit des Verhaltens verstärkt wird und eine gewisse Orientierungslosigkeit eintritt, die eine Voraussetzung für unmittelbare Nachahmung schafft;

(3) eine verstärkte emotionale Übertragung, die eine gemeinsame Grundstimmung bewirkt, so daß sich die Betroffenen durch gleichgerichtete Impulse leichter mitreißen lassen.

Derartige Kollektivphänomene treten keineswegs immer unerwartet bzw. regellos auf. Sport- und Faschingsveranstaltungen sind Beispiele dafür, daß relativ enthemmtes Kollektivverhalten sozial kanalisiert werden kann. Wichtig ist auch, daß Kollektivphänomene zwar strukturauflösend wirken, daß aber die Phase der Unstrukturiertheit relativ kurz andauert und in der Regel Prozesse der Um- bzw. Neustrukturierung auslöst. Entweder kehren die Beteiligten in ihre bisherigen Rollen zurück, oder das Kollektiv organisiert sich und entwickelt eine eigene Rollenstruktur.

3.1. Massenverhalten

Von den Kollektivphänomenen hat das *Massenverhalten* die meiste Beachtung gefunden. Es entsteht durch gleichgerichtete, auf ein gemeinsames Objekt bezogene Reaktionen einer untereinander anonym bleibenden Menschenmenge. Grundsätzlich sind zwei Typen von Massen zu unterscheiden: Die räumlich konzentrierte Zusammenballung (z. B. Straßenauflauf) und die räumlich diffuse Kollektivierung (z. B. Verhaltenseffekte von Werbesendungen im Rundfunk). Räumlich zusammengeballte Massen setzen die Bildung von Menschenmengen voraus. Sie wird durch ein Ereignis eingeleitet, das Aufmerksamkeit erregt und zum Zusammenrotten führt. Durch die rein quantitative Anhäufung von Menschen wird ein Stimulationseffekt erzeugt, der eine kollektive Erregung auslöst und damit zur Entstehung der Masse führt. In diesem Zustand treten leicht Prozesse der sozialen Übertragung auf, die zur Verbreitung von Stimmungen führen. Richten sich diese auch auf ein gemeinsames Objekt und lösen Impulse zum kollektiven Handeln aus, entsteht der Typ der *handelnden Masse*. Die Masse als ganzes handelt zwar zielorientiert, der einzelne Beteiligte identifiziert sich jedoch unter Aufhebung der kritischen Distanz vorwiegend emotional und spontan mit diesen Zielen. Das in der Masse entstehende Zusammengehörigkeitsgefühl ist ebenso intensiv wie flüchtig. Es kumuliert während der unmittelbaren Reaktion auf den Umweltreiz und löst sich danach rasch auf. Da Massen ganz aus der unmittelbaren Reaktion entstehen, sind sie durch äußere Ereignisse leicht beeinflußbar.

Ein anderer Typ ist die *expressive Masse*, die sich bei großen Festveranstaltungen, z. B. während des Faschings oder während einer musikalischen Großveranstaltung herausbildet. Ihre Merkmale sind das Fehlen von Zielobjekten, der Trend zur Rhythmisierung der Bewegungen und die daraus resultierende kollektive Extase, die zur Entladung angestauter emotionaler Spannungen führt. Dem Auftreten der Beatles und der Rolling Stones folgte fast regelmäßig die Bildung derartiger expressiver

Massen. Sie lassen sich aber auch bei religiösen Prozessionen beobachten.

Der Hauptunterschied zwischen der handelnden und der expressiven Masse besteht also darin, daß bei der einen die emotionale Spannung in der kollektiven Aktion erlischt, während bei der anderen dies in der kollektiven Extase geschieht.

Mit der Verbreitung von Massenmedien, die sich bis in die Zeit der Entstehung des Buchdrucks zurückverfolgen lassen, wurde die Herausbildung räumlich diffuser Massen möglich. Im Einflußbereich des jeweiligen Massenmediums (z. B. der Zeitung, des Rundfunk- oder Fernsehsenders) können die vielen einzelnen, die die Masse bilden, praktisch ohne näheren sozialen Kontakt miteinander ein gleichgerichtetes Verhalten annehmen. Ein extremes Beispiel hierfür waren die Reaktionen großer Teile der New Yorker Rundfunkhörerschaft auf eine am 30. Oktober 1937 erfolgte Sendung „Invasion vom Mars", die in panikartige Rettungsversuche angesichts einer eingebildeten tödlichen Bedrohung durch gelandete Marsbewohner ausmündeten. In weniger auffälliger Weise trägt unter dem Einfluß der durch Massenmedien vermittelten Werbekampagnen das Konsumenten- und Freizeitverhalten vieler Menschen ebenfalls Massencharakter: Unter Ausschaltung der kritischen Distanz konzentriert sich deren Aufmerksamkeit auf ein bestimmtes Objekt, dessen Erlangung unter dem Zwang kollektiver Erregung angestrebt wird. Voraussetzung für diese Wirkungsmöglichkeit von Massenmedien ist die Freisetzung der Emotionen sozial isolierter Individuen durch Konfrontation mit bedeutungsvollen Phänomenen, sowie die Vermittlung von Handlungsimpulsen ohne gleichzeitige Aufklärung über einen objektivierenden Orientierungsmaßstab: Der Mensch wird in eine künstliche Wunschwelt eingefangen, aus der er sich durch Übernahme von Verhaltensstereotypen vergeblich zu befreien sucht.

3.2. Vermassung als Werturteil

Die Untersuchung von Massenphänomenen wird seit den Arbeiten von S. Sighele und G. LeBon stark durch Werturteile verzerrt. Die Tatsache, daß sich in der Masse bestehende Strukturen des Sozialverhaltens auflösen und an die Stelle überlegter Handlungen affektgeladene Reaktionen treten, wurde vorwiegend unter dem Gesichtspunkt der Gefährdung einer sozialen Ordnung betrachtet. Überdies glaubte man, in der modernen Gesellschaft, die den einzelnen aus vielen traditionellen Bindungen freisetzt und in der viele Angelegenheiten zentral gelenkt werden, angesichts der daraus resultierenden Orientierungslosigkeit und Anonymität vieler Beteiligter ganz allgemein Phänomene der „Vermassung" feststellen zu können. Sie müßten zu einer Gefährdung der Kultur schlechthin führen. So schrieb Karl Jaspers 1931:

„Der Mensch ist, wenn er als Masse da ist, doch in der Masse nicht mehr er selbst. Masse löst einerseits auf; in mir will etwas, das ich nicht bin. Masse isoliert andererseits den einzelnen zum Atom, das seiner Daseinsgier preisgegeben ist; es gilt die Fiktion der Gleichheit aller. Jedoch dann gerade vergleicht man sich, wenn niemand er selbst ist, als der er vielmehr unvergleichbar wäre. Was der andere hat, möchte ich auch haben; was der andere kann, würde ich auch gekonnt haben. Der Neid herrscht heimlich und dabei die Sucht, zu genießen durch Mehrhaben und Mehrgelten. Diese unabänderliche Massenwirkung ist heute gesteigert durch die verwickelten Gliederungen der wirtschaftenden Gesellschaft[9]."

Bei Jaspers verbindet sich die negative Charakteristik von Massen ebenso wie bei J. Ortega y Gasset mit einem Ressentiment gegen die in einer plebiszitären Demokratie angeblich gegebene Herrschaft des Durchschnitts. Sehr treffend haben Theodor Geiger und Peter R. Hofstätter diese *„Legende von der Massengesellschaft"* widerlegt[10]. Es kann keine Rede davon

[9] Karl Jaspers: Die geistige Situation der Zeit (1932). Sammlung Göschen Bd. 3000. Berlin 1971, S. 36/37.
[10] Vgl. Th. Geiger: Die Legende von der Massengesellschaft (1951). Neudruck in: Th. Geiger, Arbeiten zur Soziologie, Neuwied 1962; P. R. Hofstätter: Gruppendynamik. Kritik der Massenpsychologie. Hamburg 1957.

sein, daß der moderne Mensch ein Massendasein führt. Obwohl Massenphänomene immer wieder auftreten, sind sie doch im Leben des einzelnen keineswegs vorherrschend und, von seltenen Ausnahmen abgesehen, eingebettet in strukturierte Lebensformen. Den größten Teil des bewußten Lebens verbringen die Menschen in überschaubaren Zusammenhängen, die sich entweder als Kleingruppen oder als organisierte Zweckgebilde darstellen. Was den vorwiegend konservativen Kulturkritikern an der angeblichen „Massengesellschaft" mißfällt, läßt sich nicht so sehr auf Massenphänomene im engeren Sinne zurückführen, sondern auf die Zentralisierung von Entscheidungsprozessen in organisierten Zweckgebilden und bürokratischen Superstrukturen. Die „realpolitische Passivität" (Theodor Geiger) vieler Menschen außerhalb des Kleingruppen-Milieus läßt sich nicht mit dem Hinweis auf die Untugenden des angeblichen „Massenmenschen", sondern durch staatsbürgerliche Aufklärung und Schaffung institutioneller Mitwirkungsmöglichkeiten überwinden.

3.3. Publikum und öffentliche Meinung

Zu den relativ unstrukturierten Kollektivphänomenen gehört auch das *Publikum*, wie es beim Besuch eines Theaters oder einer Vortragsveranstaltung oder als Zuschauerkollektiv einer Fernsehsendung entsteht. In weiterem Sinne kann man sogar davon sprechen, daß etwa ein bekannter Schriftsteller oder ein berühmter Dirigent ihr Publikum haben. Aus soziologischer Sicht handelt es sich beim Publikum um eine Vielzahl von Personen, die durch freiwillige Teilnahme an einem Kommunikationsprozeß mit Ereignissen oder Meinungen konfrontiert werden, zu denen sie Stellung nehmen können. Besonders wichtig sind folgende Merkmale:

(1) Die Aufmerksamkeit des Publikums ist auf einen bestimmten Kommunikationsvorgang gerichtet;

(2) die freiwillige Teilnahme setzt einen minimalen Konsen-

sus über die Bedingungen der Teilnahme voraus (man kommt z. B. in der Regel zu einer Veranstaltung nicht zu spät und verläßt sie auch nicht vorzeitig);

(3) es besteht die Möglichkeit zur Stellungnahme gegenüber dem Kommunikationsinhalt. Dieser kann direkte Interaktionen (Protestrufe, Diskussionsbeiträge) und symbolische Handlungen (Beifall) auslösen oder auf dem Weg der vermittelten Interaktion (durch Briefe, Telefonanrufe, Leserzuschriften, Urteilsabgabe gegenüber Dritten) erfolgen.

Eine Abgrenzung zwischen Publikum und Masse ergibt sich durch den höheren Bewußtseinsgrad der Handlungen im Publikum. Man kommt freiwillig, akzeptiert die Regeln der Teilnahme, reagiert problemorientiert, wobei im Publikum auch Platz für abweichende Reaktionen bleibt. Allerdings geschieht es häufig, daß ein Publikum zur Masse wird, insbesondere dann, wenn eine starke kollektive Erregung zu Prozessen sozialer Übertragungen führt.

Für die soziologische Analyse wird das Publikum insbesondere bedeutsam im Zusammenhang mit der Herausbildung der *öffentlichen Meinung*. Eine Meinung wird nur dann öffentlich, wenn sie ein unbeschränktes Publikum findet. Auch kann sich eine Meinung nur dort herausbilden, wo die Teilnahme am Kommunikationsprozeß gesichert ist, der Meinungsträger also selbst zum Publikum gehört. In diesem Sinne läßt sich sagen, daß die öffentliche Meinung das veröffentlichte Ergebnis der Stellungnahmen eines Publikums ist. Je repräsentativer für die Gesamtheit dieses Ergebnis sich darstellt, desto wirksamer kann es soziale Entscheidungsprozesse beeinflussen. Gegenüber einer naiven Auffassung, es lasse sich auf diese Weise der Gesamtwille hinsichtlich öffentlicher Angelegenheiten ermitteln und damit auch ein unabhängiges politisches Kontrollinstrument schaffen, muß jedoch auf einige Einschränkungen hingewiesen werden:

(1) Die „Öffentlichkeit" im Sinne eines allumfassenden, frei zugänglichen, stets reaktionsfähigen Publikums gibt es nicht. In der modernen Gesellschaft bestehen viele Formen des Publikums und damit auch viele Öffentlichkeiten, z. B. auch gruppen- und verbandsinterne Öffentlichkeiten[11]. Es wird also auch durch eine bestimmte Information, selbst bei Verwendung verschiedenster Medien, nur ein selektives Publikum erreicht. Es werden immer nur Ausschnitte der Gesamtöffentlichkeit informiert, wodurch gewisse Meinungsfälle entstehen. Das Publikum ist in der Regel selektiv zusammengesetzt und außerdem oft organisatorisch mit bestimmten sozialen Zweckgebilden verbunden.

(2) Die Stellungnahmen des Publikums als Ergebnis eines Prozesses der Meinungsbildung sind häufig nicht spontan, sondern vermittelt. Hierbei spielen die Bezugspersonen als maßgebende Mitglieder von Kleingruppen und die Massenmedien mit ihrem Expertenstab eine entscheidende Rolle. Meinungen des Publikums sind also zum großen Teil vorgegebene Interpretationsformeln, die man allerdings annehmen oder ablehnen kann.

(3) Schließlich ist auch die Vermittlung der öffentlichen Meinung nicht unmittelbar, sie geschieht durch Medien, in denen der Meinungsgehalt mit Rücksicht auf den Adressaten ausgewählt und umgeformt wird. Dadurch treten Probleme der Repräsentanz und der Manipulation auf.

Der Versuch, durch direkte Befragung vieler einzelner Personen gleichsam künstlich mit Hilfe der Sozialforschung eine öffentliche Meinung zu schaffen, ist leider zum Scheitern verurteilt. Auch wenn die Umfrageergebnisse repräsentativ für den jeweiligen Bevölkerungsquerschnitt sind, bilden sie doch nur die Summe privater Meinungen. Bei ihrer Enstehung ist kein Publikum eingeschaltet.

[11] Vgl. hierzu J. Habermas: Strukturwandel der Öffentlichkeit. Neuwied 1962.

3.4. Propaganda und Werbung

Kollektive Verhaltensweisen, wie sie in der Masse und im Publikum auftreten, unterliegen in besonders starkem Maße der Beeinflussung durch Interessenten. Ihre hauptsächlichen Formen sind *Propaganda* und *Werbung*. Hierunter sind die Versuche zu verstehen, Personen durch Bezugnahme auf nicht sachbezogene Motive zur Übernahme von Einstellungsweisen und Verhaltensmustern zu bewegen. Während bei Propaganda in erster Linie an politisches Verhalten gedacht wird, steht im Mittelpunkt der Werbung die Beeinflussung wirtschaftsbezogener Verhaltensweisen. Der Gegenbegriff zu Propaganda und Werbung ist die Aufklärung, d. h. die sachbezogene Information zum Zwecke selbstständiger Urteilsbildung.

Über die Techniken politischer Propaganda gibt es einige vorzügliche Untersuchungen[12]. Typisch ist folgende Verlaufsform: Der Gegner bzw. seine Verhaltensweisen werden mit emotional geladenen Kennwörtern benannt („Spießer", „Schmarotzer", „Kapitalist", „Playboy", „Radikalinski"). Sodann werden durch selektive Argumentation die Schwächen des Gegners bloßgestellt, wobei mögliche Gegenargumente bewußt fortgelassen werden. Diese Anklageführung wird durch Bezug auf Autoritäten zu untermauern versucht, etwa in der Weise, daß Zitate verwendet werden, oder bestimmte Aussprüche bedeutsamen Persönlichkeiten zugeschrieben werden oder daß ganz einfach behauptet wird, alle Angehörigen einer bestimmten, als Vorbild dienenden Gruppe seien der gleichen Auffassung. Damit einhergehend versucht man durch einen Appell an die Überlegenheit des Publikums dessen Wohlwollen zu erlangen. In diesem Zusammenhang wird z. B. häufig der „gesunde Menschenverstand" des „Mannes auf der Straße" hervorgehoben. Schließlich wird als Solidarisierungstechnik die Einbeziehung des gesamten angesprochenen Kollektivs in die Schlußfolgerungen des Agitators betrieben. Er gebraucht dann Redewendun-

---

[12] Vgl. z. B. L. Löwenthal und N. Gutermann: Agitation und Ohnmacht (amerik. 1949). Neuwied 1966.

gen wie: „wir alle", „der moderne Mensch", „jeder anständige Staatsbürger". Auf diese Weise werden auf emotionaler Grundlage Identifikationsprozesse zwischen Agitator und Kollektiv ausgelöst.

Gegenstand der Werbung sind in der Regel bestimmte Wirtschaftsgüter, deren Erwerb als besonders vorteilhaft dargestellt und schließlich auch veranlaßt werden soll. Der hierbei ablaufende *Beeinflussungsprozeß* verläuft ungefähr nach folgendem Schema: Am Anfang steht die Gewinnung der Aufmerksamkeit für ein bestimmtes Objekt. Ist dies durch Zuhilfenahme optischer und akustischer Reize gelungen, beginnt die positive Darstellung des Objekts, der Aufbau eines „Image". Hierbei wird aber darauf geachtet, daß dieses Image möglichst einfach strukturiert ist. Nur ganz wenige symbolhafte und deshalb leicht einprägsame Ausdrücke dienen zur Kennzeichnung. Es kommt nun darauf an, dieses Image in der Vorstellungswelt des Kollektivs zu verfestigen. Dies geschieht durch stetige Wiederholung von Slogans, die als Kennworte das Image repräsentieren. Dabei wird immer wieder der Nutzwert des Objekts herausgestellt, aber nicht durch Argumente, sondern durch Behauptungen und Bekräftigungen der Behauptungen. Hierbei wird nach den allgemeinen Regeln der Propaganda die „fraglose" Richtigkeit durch Heranziehung von Gewährsleuten demonstriert, z. B. der wohlbekannten Hausfrau, die sich glücklich schätzt, schon jahrelang die angepriesene Ware zu verbrauchen. Im Zuge einer Werbekampagne wird schließlich das Image immer umfassender. Stand am Anfang die Hervorhebung von Konsumentenvorteilen, so dient das Produkt am Ende dem Lustgewinn und der Daseinserfüllung schlechthin. Obwohl die Methoden der Werbung offensichtlich und sofort durchschaubar sind, kann sich doch niemand ihrem zeitweiligen Einfluß entziehen. Auch bei Widerwillen bleiben die Slogans im Gedächtnis haften.

Durch ihren starken Bezug auf leicht wandelbare Emotionen bleiben letztlich Propaganda und Werbung doch in ihrer Wir-

kung zeitlich sehr begrenzt, es sei denn, sie werden über längere
Zeit konkurrenzlos durchgeführt. Anhaltende Einstellungs- und
Verhaltensänderungen sind in Kollektivsituationen allenfalls
anzubahnen, nicht aber durchzusetzen. Hierzu bedarf es eines
längeren Sozialisationsprozesses innerhalb relativ stabiler Interaktionszusammenhänge.

Fragen zur Arbeitskontrolle

1. Welche drei Hauptmerkmale haben soziale Kollektivphänomene?
2. Wie entsteht Massenverhalten?
3. Worin liegt der Hauptunterschied zwischen handelnder und
   expressiver Masse?
4. Nennen Sie die Merkmale der expressiven Masse.
5. Nennen Sie Beispiele für die Herausbildung räumlich diffuser Massen.
6. Welche Argumente gibt es gegen die „Legende von der
   Massengesellschaft"?
7. Wodurch wird das Publikum als unstrukturiertes Kollek-
   tivphänomen charakterisiert?
8. Worin unterscheiden sich Publikum und Masse?
9. Welche Voraussetzungen müssen für die Herausbildung der
   öffentlichen Meinung erfüllt sein?
10. Welche Einschränkungen gelten für die „Öffentlichkeit" in
    der modernen Gesellschaft?
11. Läßt sich durch eine Repräsentativumfrage die öffentliche
    Meinung herstellen?
12. Wodurch lassen sich kollektive Verhaltensweisen beein-
    flussen?
13. Charakterisieren Sie typische Verlaufsformen politischer
    Propaganda.
14. In welchen Phasen verläuft der Beeinflussungsprozeß durch
    Werbung?
15. Wie ist das Ausmaß der Verhaltensbeeinflussung durch
    Propaganda und Werbung zu beurteilen?

4. Sozialräumliche Strukturen

Eine in der Allgemeinen Soziologie relativ wenig beachtete Tatsache, die in der Alltagserfahrung des Menschen um so stärker hervortritt, ist die sozialräumliche Fixierung der Interaktionszusammenhänge. Über die generelle Ortsbindung der bereits behandelten Beziehungsgefüge hinaus werden hierdurch Strukturen menschlichen Zusammenlebens und Zusammenwirkens sui generis geschaffen. Hauptmerkmal ist die spezifisch lokale Ausprägung von Netzwerken sozialer Beziehungen in Form von Siedlungen, die sich weder als Gruppen noch als Zweckgebilde darstellen, sondern deren Voraussetzung sind. Wichtigste Erscheinungsform ist die Gemeinde, nach Conrad Arensberg ein „soziales Grundgebilde", nach René König eine „Grundform der Gesellschaft".

Zum näheren Verständnis ist zunächst eine Abgrenzung des soziologischen Gemeindebegriffs gegenüber anderen Vorstellungsinhalten erforderlich. Als „Gemeinde" im verwaltungsrechtlichen Sinn wird eine Verwaltungseinheit mit einer bestimmten Verfassung und entsprechenden Verwaltungsaufgaben und -organen verstanden. Hierbei handelt es sich aber um eine rein normative Festlegung von Handlungseinheiten zur Erfüllung von Selbstverwaltungs- und Auftragsangelegenheiten.

Der sozialökologische und sozialgeographische Begriffsinhalt von „Gemeinde" bezieht sich im engeren Sinne auf die sozialökonomischen Merkmale von Gebietsstrukturen, die sich statistisch erfassen lassen. Hierbei fehlt die Dimension sozialer Interaktionen.

Häufig wird auch ein sozialethisch gefärbter Begriff von „Gemeinde" verwendet, wenn etwa von einer Kirchengemeinde gesprochen wird. Hier liegt die Erfahrung gemeinschaftlich erlebter Werte zugrunde, die gerade nicht als konstitutiv für sozialräumliche Strukturen angenommen werden kann.

Demgegenüber erscheint aus soziologischer Sicht Gemeinde als lokales, komplexes Kommunikationssystem, das unabhängig von individueller Mitgliedschaft längerfristig bestehen bleibt und die Grundlage beliebig ausprägbarer Äußerungen des sozialen Lebens bildet. Auf diese „unbestimmte Mannigfaltigkeit von Funktionskreisen, sozialen Gruppen und anderen sozialen Erscheinungen", die eine Gemeinde umfaßt, hat insbesondere René König hingewiesen. Dieses Merkmal erschwert es aber auch, den soziologischen Sachverhalt „Gemeinde" allgemein, d. h. ohne Bezug auf eine konkrete raum-zeitliche Ausprägung, zu definieren[13]. Was die Gemeinde aus soziologischer Sicht kennzeichnet, sind das Unspezifische und die große Offenheit des Interaktionszusammenhanges, die sicherlich nur mit erheblichen Einschränkungen die Kennzeichnung „soziales System" rechtfertigen. Derartige systembildende Faktoren, wie etwa die verwaltungstechnische Ordnung oder ein gemeinsames Wertbewußtsein auf der Grundlage gemeinsamer Traditionen und schließlich auch eine funktionelle Bindung der Bewohner, sind Integrationsfaktoren, die oft über die Gemeindegrenzen hinausreichen. Wir müssen also die Gemeinde zunächst als ein unspezifisches sozialräumliches Handlungsfeld betrachten, das jeweils durch die Lokalisation über- und zwischengeordneter Spezialrollen strukturiert wird, etwa durch die Ausprägung als Wohngemeinde, Arbeitsort oder Freizeitraum. Die unübersehbare Vielfalt dieser möglichen Zuordnungen wird aber immer durch die sozialräumliche Siedlungsstruktur wesentlich mitgeprägt.

4.1. Siedlungstypen

Ein Versuch, sozialräumliche Strukturen näher zu bestimmen, ist die Differenzierung nach Siedlungstypen, etwa nach Größe und wirtschaftlicher Funktion in Städte und Dörfer. Ausgangspunkt hierbei ist eine historisch nachweisbare *Dichotomie von Stadt und Land.*

---

[13] Zur Diskussion des Gemeindebegriffs vgl. P. Atteslander und B. Hamm (Hrsg.), Materialien zur Siedlungssoziologie, Köln 1974.

Im allgemeinen Sprachgebrauch versteht man unter „ländlicher" Gemeinde eine Siedlungseinheit mit geringer Bevölkerungsdichte, einer überwiegend landwirtschaftlichen Tätigkeit der Bewohner, einer noch stärker naturbelassenen Umgebung, einer gewissen Homogenität der Bevölkerung in bezug auf geringe Schichtungsunterschiede und geringe Mobilität sowie der Dominanz sozialer Primärbeziehungen personaler und häufig auch informaler Art. Im Gegensatz hierzu werden städtische Siedlungseinheiten durch eine hohe Bevölkerungsdichte, eine im wesentlichen im Gewerbe- und Dienstleistungssektor beschäftigte Bevölkerung, eine relative Naturferne und dementsprechend eine starke Künstlichkeit der sozialen Umgebung, eine heterogene Bevölkerung mit ausgeprägten Schichtungsmerkmalen und einer relativ hohen Mobilität sowie einem starken Gewicht der Sekundärgruppen mit stärker formalen Kontakten charakterisiert. In diesem Sinne läßt sich idealtypisch das Begriffspaar „ländliche" und „städtische" Gemeinde schaffen. Für bestimmte Regionen und bestimmte Epochen der Vergangenheit sind auch mehr oder weniger große Annäherungen an diese Idealtypen feststellbar. Die gegenwärtige Situation ist aber vielgestaltiger. Es gibt zahlreiche Mischtypen, die weder dem einen noch dem anderen Idealtyp ausschließlich zuzuordnen sind, z. B. Gemeinden mit ländlicher Ausprägung und sozialer Homogenität der Bevölkerung, aber ohne die Dominanz der landwirtschaftlichen Tätigkeit. In den Pendlergemeinden leben z. B. überwiegend Fabrikarbeiter und kaum noch Bauern. Andererseits findet man in den Entwicklungsländern Agrarstädte, deren Bewohner überwiegend landwirtschaftlicher Tätigkeit nachgehen, sowie Siedlungen verelendeter Bevölkerungsschichten, die weder städtischen noch ländlichen Charakter haben.

Diese Fülle von Siedlungsphänomenen hat zur Ersetzung der Dichotomie durch das sogenannte *Stadt-Land-Kontinuum* geführt, d. h. die Vorstellung, daß es zwei Extremtypen, die Stadt- und die Landgemeinde gibt, mit einem breiten Band von Zwischenstufen. Auch dieses Modell ist nicht aufrechtzuerhalten[14]. Der erste Einwand betrifft die Tatsache, daß dieses Kontinuum, wenn man es sich gedanklich vorstellt, nicht eindimensional bestimmt werden kann. Die Charakteristika, die hier abgestuft vorhanden sein müßten, passen nicht immer zusammen. Während ein Charakteristikum abnimmt (z. B. landwirtschaftliche Nutzung), nimmt ein anderes eher zu (z. B. die Einwohnerzahl). Es gibt also unterschiedliche Dimensionen, die nicht deckungsgleich sind.

Der zweite Einwand betrifft eine historische Beobachtung. Die Differenzierung von Stadt- und Landgemeinden geht nicht in der Weise vonstatten, daß sich immer stärker der städtische Charakter und zugleich immer stärker der ländliche Charakter herausgeprägt hat. Der historische Befund gleicht eher einer Parabel. In der Frühzeit der europäischen Kulturentwicklung bestand eine relativ undifferenzierte Siedlungsweise. Allmählich bildeten sich Stadt- und Landgemeinden heraus, bis diese Differenzierung kulminierte. Dann wurde die Siedlungsform jedoch immer diffuser. Die Stadt-Land-Differenzierung wurde durch andere sozialräumliche Prozesse aufgewogen. Insbesondere die Industrialisierung des Agrarsektors, aber auch die Strukturwandlung der modernen Gesellschaft haben einen Prozeß der Angleichung ausgelöst. Er kann aber nicht generell als „Verstädterung" bezeichnet werden. Mit dem Blick auf stadtnahe Pendlergemeinden, Trabantenstädte und Wohnsiedlungen kann man kaum von „Verstädterung" sprechen, sondern eher von „Zersiedelung". In derartigen Gemeinden bzw. Gemeindeteilen erfolgten Veränderungen, die man weder als Stärkung des ländlichen noch des städtischen Charakters im herkömmlichen Sinne verstehen kann. Hier läßt sich eine Gemeinderealität feststellen, die durch eine neuartige Kombination von Faktoren bedingt wird.

[14] Vgl. Hierzu H. Kötter, Stadt-Land-Soziologie, in: R. König (Hrsg.), Handbuch der Empirischen Sozialforschung Bd. 2, Stuttgart 1969, S. 604–621.

Der dritte Einwand gegen die Vorstellung eines Stadt-Land-Kontinuums richtet sich gegen die damit verbundenen Ideologien. Die Stadt-Land-Dichotomie und auch das Stadt-Land-Kontinuum wurden häufig dort verwendet, wo man ein Bewertungsschema für bestimmte Merkmale der modernen Gesellschaft brauchte. So wurde etwa behauptet, daß in dem Ausmaße, in dem sich der Mensch von angeblich natürlichen Siedlungsformen entferne, seine Lebensweise durch zivilisatorische Entartungen gefährdet sei. Diese kulturkritischen Interpretationen, die sich vor allem gegen das Leben in den Großstädten richteten, halten jedoch einer eingehenden Nachprüfung nicht stand. Nicht ohne Grund sprach z. B. Karl Marx für seine Zeit von der „Idiotie des Landlebens". Auch gegenwärtig hängt die unterschiedliche Bewertung der Lebensqualität von Sozialräumen ganz von den verwendeten Maßstäben ab.

Eine gegenwartsbezogene Analyse der Siedlungstypen muß berücksichtigen, daß sich die gesamte Gesellschaft in einem tiefgreifenden Strukturwandel befindet, der Städte und Dörfer gleichermaßen erfaßt. Auch in den größeren ländlichen Ortschaften gibt es eine wachsende Differenzierung der Bevölkerung, ein Vordringen des Dienstleistungssektors und die Orientierung an städtischen Berufs- und Konsumleitbildern. Ein Ergebnis dieser Diffusion und Differenzierung ist die sogenannte *Suburbanisation*. In diesen Wohngebieten zwischen traditionellem Stadtkern und ländlichem Gebiet fehlen aber auch Merkmale der modernen Stadt, insbesondere ein differenziertes Angebot von Lebensformen und breit gefächerte Möglichkeiten, unterschiedliche Bedürfnisse zu befriedigen. In diesem Sinne stellen sie inkomplette Gemeinden dar, die ihre Entstehung einer Ausdifferenzierung städtischer Teilfunktionen verdanken, z. B. der Wohnfunktion und bestimmter Konsumfunktionen. Gerade die Erscheinungsform derartig diffuser Siedlungsstrukturen zeigt, wie bedeutsam für eine konkrete sozialräumliche Strukturierung das Ausmaß der Funktionsanreicherung bzw. -ausgliederung ist.

4.2. Sozialräumlich bedingte Verhaltensweisen

Angesichts der Ausbreitung überlokaler Kommunikationsformen (Motorisierung, Massenmedien, Tourismus), umfassender politischer und wirtschaftlicher Verflechtungen sowie der häufig anzutreffenden einseitigen funktionalen Spezialisierung moderner Gemeinden (Schlafstädte) wird die These vertreten, daß Lebenslage und Sozialbewußtsein des modernen Menschen immer stärker überlokal geprägt werden[15]. Dementsprechend würde die Bedeutung sozialräumlicher Strukturen eher tendenziell vermindert. Dies gilt aber mit gewissen Einschränkungen eher für traditionelle Sozialbindungen etwa in Form von Nachbarschaftskontakten, weniger jedoch für die „symbolische Ortsbezogenheit" (H. Treinen), die Orientierung des Menschen am räumlichen Zentrum seiner Aktivitäten.

Hans-Paul Bahrdt hat versucht, die Strukturwandlungen sozialräumlich bedingten Verhaltens durch das Gegensatzpaar Öffentlichkeit – Privatheit zu erfassen[16]. In den städtischen Sozialzusammenhang ist der Mensch unvollständig integriert, so daß seine Aktionen immer mit einer gewissen Distanziertheit verbunden sind. Um dennoch das Verhalten im Bereich der Öffentlichkeit funktionsfähig zu machen, kommt es zu seiner Stilisierung in Form repräsentativer Äußerungen. Zur Kompensation dieses relativ unverbindlichen, veräußerlichten Lebens in der Öffentlichkeit braucht der Mensch eine Kultivierung der Privatsphäre, in der er sich abschirmt und immer mehr seelisch differenziert.

Allerdings erfaßt dieses aus treffenden Beobachtungen abgeleitete Schema Bahrdt's nicht die gesamte Erscheinungsweise sozialräumlich vermittelter Verhaltensweisen. Sie läßt sich eher durch eine Unterscheidung in einerseits organisierte, vorgeplante oder vorstrukturierte und andererseits spontane Verhaltensweisen erfassen. Das sozialräumliche Kontaktgefüge wird z. B.

[15] Vgl. z. B. H. Oswald, Die überschätzte Stadt, Olten und Freiburg, i. B. 1966.
[16] H.-P. Bahrdt, Die moderne Großstadt, Reinbek 1961.

durch die Verkehrswege, durch die Mischung oder Trennung funktionaler Bereiche sowie durch das Vorhandensein oder Fehlen zusätzlicher Kommunikationsmittel wesentlich vorstrukturiert. Auch spontane Verhaltensweisen hängen davon ab, welche Chancen die sozialräumliche Umwelt hierfür bietet, z. B. im Kultur- bzw. Freizeitbereich.

So bietet sich zur Erfassung der Interaktionszusammenhänge in einer Gemeinde und zwischen Gemeinden die Kategorie der Partizipation an. Aus dieser Sicht wird problematisiert, welche Interaktionsmuster eine sozialräumliche Umwelt bereithält und inwieweit sie aktualisiert bzw. umgeformt werden. Die Kommunikationschancen sind ungleich verteilt mit dem Ergebnis *sozialer Segregation*. Hierunter ist die räumliche Trennung von Bevölkerungsgruppen in den verschiedenen Kommunikationsbereichen zu verstehen. Sie kann von einer rein funktionalen Absonderung (z. B. schichtspezifische Nutzung von Freizeiteinrichtungen) bis zur ghettoartigen Abschließung von Minoritäten in besonderen Wohnsiedlungen reichen. Derartige sozialräumliche Strukturen können Ausdruck relativer Privilegierung oder Benachteiligung sein.

Die verfügbaren Kommunikationschancen werden aber auch sehr unterschiedlich genutzt, wobei sozialökonomische Verhältnisse (Einkommen), sozialkulturelle Orientierungen (Bildungsinteressen) sowie Statuserwartungen einen großen Einfluß haben. Dementsprechend hat z. B. das soziale Handlungsfeld „Stadt" sehr unterschiedliche Dimensionen für Jugendliche, kinderreiche Ehepaare, Rentner, Einheimische, Gastarbeiter, Hausbesitzer, Obdachlose usw.

Auch zwischen den verschiedenen funktionalen Infrastrukturen (Arbeits-, Wohn-, Freizeitbereich) gibt es große, oft schichtabhängige qualitative Unterschiede. Unter dem Begriff der „Disparität der Lebensbereiche" werden diese Phänomene näher untersucht.

Fragen zur Arbeitskontrolle

1. Wie ist der soziologische Begriff „Gemeinde" gegenüber verwaltungsrechtlichen, sozialökologischen, sozialgeographischen und sozialethischen Definitionen abzugrenzen?
2. Welche Schwierigkeiten bringt die Bestimmung des soziologischen Sachverhaltes „Gemeinde"?
3. Was ist unter Stadt-Land-Dichtomie zu verstehen?
4. Welche Tatsachen sprechen gegen diese Siedlungstypologie?
5. Welchen Aussagewert hat der Begriff „Stadt-Land-Kontinuum" (drei kritische Einwände)?
6. Wodurch wird Suburbanisation gekennzeichnet?
7. Welche Faktoren relativieren die lokale Bindung des modernen Menschen?
8. Wie charakterisiert Bahrdt die Unterschiede zwischen „öffentlichem" und „privatem" Verhalten?
9. Wodurch wird das sozialräumliche Kontaktgefüge vorstrukturiert?
10. Was ist soziale Segregation?
11. Charakterisieren Sie die unterschiedliche Nutzung sozialräumlicher Kommunikationschancen.
12. Wie treten „Disparitäten der Lebensbereiche" in Erscheinung?

5. Soziale Objektivationen

Die Erfahrung seiner gesellschaftlichen Existenz wird dem Menschen nicht nur durch Sozialkontakte in kleinen Gruppen, organisierten Zweckgebilden und unstrukturierten Sozialbeziehungen vermittelt. Es gibt gerade in der modernen Gesellschaft eine Fülle abstrakter Beziehungen, die durch den allgemeinen Kulturzusammenhang entstehen.

Der soziologische Kulturbegriff geht nicht von dem Dualismus vieler Kulturkritiker aus, die zwischen den letzten Lebenswerten als „Kultur" und den materiellen Errungenschaften als

„Zivilisation" unterscheiden. Aus soziologischer Sicht besteht ein unauflösbarer Zusammenhang zwischen diesen Aspekten. Ohne materielle Einrichtungen lassen sich bestimmte letzte Werte, z. B. ein menschenwürdiges Dasein, nicht durchsetzen, andererseits werden materielle Einrichtungen erst durch den Bezug auf Lebenswerte sinnvoll anwendbar. Man denke in diesem Zusammenhang an die Nutzung technischer Erfindungen. Deshalb ist es für die Soziologie sinnvoll, die vorherrschende kulturanthropologische Definition zu übernehmen, nach der *Kultur* die Gesamtheit überlieferungsfähiger Lebensformen darstellt, die für eine Gesellschaft typisch sind. Im Mittelpunkt steht also der Begriff der Lebensform, die als ein objektiver Ausdruck der auf die Gestaltung der eigenen Lebensweise in einer spezifischen Umwelt bezogenen Grundeinstellungen verstanden wird.

Überlieferungsfähige Lebensformen haben drei Hauptvoraussetzungen:

(1) Die *sozialen Objektivationen* vermitteln den gesellschaftlichen Zusammenhang der Lebensformen und machen ihn überlieferungsfähig. Es handelt sich um Bezugssysteme, die in der Regel nicht auf spezifische Gruppen und Gebilde begrenzt sind, sondern innerhalb der Gesellschaft universelle Geltung beanspruchen. Sie sind nicht subjektgebunden, etwa an eine bestimmte Person, sondern objektivierbar, und sie haben auch keinen spezifischen Situationsbezug. Aus dieser relativ geringen raum-zeitlichen Fixierung leitet sich ihre Dauerhaftigkeit her. Besonders wichtige soziale Objektivationen sind die *tragenden Kulturideen,* z. B. die Grundauffassungen von Gerechtigkeit, Menschenwürde und Freiheit, die als allgemeine Orientierungsmuster dienen.

(2) Die Verankerung dieser Denkformen und Sinngehalte erfolgt in materiell sichtbaren Phänomenen. Diese *Kulturobjekte* stehen in engem Zusammenhang mit den Kulturideen, d. h. sie haben auch eine symbolische

Bedeutung. Wir können z. B. einen großen Teil dessen, was wir über die Babylonier und Ägypter der Antike wissen, einer Analyse des Sinngehalts archäologischer Funde (Bauten, Gebrauchsgegenstände usw.) entnehmen.

(3) Zur Lebensform vereinigen sich soziale Objektivationen und Kulturobjekte in den sozialen *Kulturträgern* und ihren Beziehungen zueinander. Kulturträger können im Interaktionszusammenhang stehende Individuen, Gruppen und Zweckgebilde sein.

Als abstrakte soziale Bezugssysteme, die gesamtgesellschaftlich bedeutsam sind, unterscheiden sich die sozialen Objektivationen von den Institutionen, die als normierte Interaktionszusammenhänge konkret existieren. Soziale Objektivationen schaffen gleichsam kollektive Bewußtseinsinhalte und den Bezugsrahmen für deren Überlieferung.

5.1. Hauptformen sozialer Objektivationen

In jeder Kultur gibt es *Bezugssysteme für die Umwelterfahrung*. Von besonderer Bedeutung sind die Systeme, die kulturspezifische Raum- und Zeitvorstellungen sowie Denkstrukturen vermitteln. Wir können z. B. außerordentlich unterschiedliche Raumvorstellungen nicht nur in verschiedenen Gesellschaften, sondern auch innerhalb einer bestimmten Gesellschaft bei verschiedenen sozialen Gruppen feststellen. So reicht z. B. die Fähigkeit, sich objektiv die räumliche Struktur der eigenen Lebensumwelt vorzustellen, unterschiedlich weit. Der Ausdruck „Kirchtumshorizont" für ein sehr begrenztes sozialräumliches Vorstellungsvermögen weist auf diesen Sachverhalt hin. Raumvorstellungen können auch mit qualitativen Wertungen verbunden sein. Hierher gehört die Hochschätzung bestimmter zentraler Räume einer Gesellschaft und die Abwertung peripherer Gebiete, wie sie z. B. durch die Kategorien „Hauptstadt" und „Provinz" vermittelt werden. Obwohl moderne Lebensformen im Zusammenhang mit dem technisch-wissenschaftlichen

Fortschritt den Abbau traditioneller Raumvorstellungen und raumbezogener Vorurteile beschleunigen, sind doch kulturspezifische Unterschiede weiterhin wirksam.

Auch Zeitvorstellungen werden durch soziale Objektivationen vermittelt. Während z. B. schriftlose Kulturen selten einen drei Generationen übersteigenden Geschichtshorizont haben, wird durch schriftliche Überlieferung ein wesentlich weiterer Zeitraum vergegenwärtigt. Gegenüber relativ ungenauen Zeitvorstellungen in vorindustriellen Gesellschaften, wie z. B. Tages- und Jahreszeiten oder Lebensalter, wird in der modernen Industriegesellschaft die Zeitvorstellung unter dem Einfluß von verfeinerten Meßmethoden immer präziser. So wird es für einen Akkordarbeiter eine Selbstverständlichkeit, mit Bruchteilen von Sekunden zu rechnen. Er hat zweifellos eine andere Zeitvorstellung als ein Bauer vor 100 Jahren, der im Morgengrauen aufstand und beim Dunkelwerden den Tagesablauf beendete.

Bezugssysteme für eine allgemeine Umwelterfahrung sind auch kulturspezifische Denkstrukturen. Besonders einschneidend ist in dieser Hinsicht der Übergang vom vorwissenschaftlichen zum wissenschaftlich exakten Denken. Während z. B. in magischen Denkstrukturen Kausalzusammenhänge durch symbolische Demonstrationen konstituiert werden können, ist in wissenschaftlichen Denkstrukturen hierfür der Nachweis tatsächlicher Interaktionen erforderlich. Auch in modernen Gesellschaften gibt es Unterschiede in den Denkstrukturen, die teilweise auf Subkulturen zurückzuführen sind und die sich durch Unterschiede im Bildungs- und Erfahrungshorizont der Menschen verstärken.

Zu den grundlegenden sozialen Objektivationen gehört auch das *sprachliche Kommunikationssystem*. Die Möglichkeit, zwischen Denken und Handeln eine symbolische Ausdruckswelt zu schaffen, öffnet ganz neue Wirklichkeitserfahrungen. So vermittelt die Sprache nicht allein Sinngehalte im Interaktionszusammenhang, sie führt auch durch die Möglichkeit der schriftlichen Fixierung zum Aufbau symbolischer Interaktions-

zusammenhänge, die mehr oder weniger institutionalisiert die
sozialen Bewußtseinsstrukturen der Menschen einer Gesellschaft prägen. Man denke in diesem Zusammenhang an die
gesellschaftliche Bedeutung der Literatur. So sehr die Sprache
im eigenen Geltungsbereich soziale Zusammenhänge vermittelt,
so sehr ist sie selbst eine Barriere für Kontakte, die darüber
hinausgehen. Unterschiedliche Sprachen und sprachliche Unterschiede schaffen soziale Distanz, die sich nur schwer überbrük-
ken läßt. Dies hängt damit zusammen, daß, wie Wilhelm von
Humboldt schon erkannte, in der Sprache auch die „Verschie-
denheit der Weltansichten" zum Ausdruck gelangt. Das Verständnis einer Kultur wird deshalb wesentlich durch die
Beherrschung ihrer sprachlichen Ausdrucksmöglichkeiten gefördert. Das gleiche gilt auch für das Verständnis einer Subkultur,
die sich meist in einer Sondersprache äußert (Dialekte, Berufs-
sprachen, Gruppen-Jargon). Die Tatsache, daß die Sprache zugleich soziale Unterschiede konstituiert und symbolisch aus-
drückt, ist auch ein Hindernis für ihre Rationalisierung. Der
Versuch, kulturgebundene Denkgewohnheiten durch Kunst-
sprachen oder exakte symbolische Kommunikationsmittel zu
beseitigen, führt aber trotz anerkannter Kommunikationsvor-
teile letztlich doch wieder zur Entstehung neuer Subkulturen,
z. B. jener Gruppen, die in der Lage sind, mit logischen und
mathematischen Symbolen zu operieren.

Eine weitere Form sozialer Objektivationen begegnet uns in
den *Bezugssystemen für soziale Verhaltensmuster.* Ihre haupt-
sächlichsten Erscheinungsweisen sind Brauch, Sitte und Recht.
Sie unterscheiden sich nach dem jeweiligen Grad der Verpflichtung, der von ihnen ausgeht, d. h. der Sanktionsgewalt der Verhaltensmuster, und damit zusammenhängend nach dem Grad
ihrer Institutionalisierung. Als *Brauch* können wir solche Verhaltensmuster bezeichnen, die durch ihre Formelhaftigkeit besonders zur Ritualisierung wiederkehrender Ereignisse im
Lebenslauf dienen können. In der Regel sind sie an soziale
Lebensgemeinschaften gebunden, also von begrenzter Wirk-

samkeit. Demgegenüber sind *Sitten* Verhaltensmuster von umfassender Bedeutung und höherem Verpflichtungsgrad. Sie sind ebenso wie die Bräuche traditionell verfestigt, binden aber im Gegensatz zu diesen rein konventionelles oder rituelles Verhalten an allgemeine Werte.

Als *Recht* kann ein System von Verhaltensvorschriften gelten, die gesamtgesellschaftlich sanktioniert und institutionalisiert sind. Recht muß grundsätzlich erzwingbar sein, ohne Macht ist das Recht also keine soziale Tatsache. Andererseits werden die Machtverhältnisse durch Recht reguliert. Unter dem Aspekt der Rechtsentstehung lassen sich folgende Formen unterscheiden: gesetztes Recht als öffentlich deklarierte Rechtsnorm, Gewohnheitsrecht als tradierte Regelung mit bindendem Charakter, und schließlich Juristenrecht als im wesentlichen das aus der Praxis der Rechtsprechung entstehende Normengefüge. Alle drei Typen bilden zusammen die Rechtsordnung einer Gesellschaft, die zu ihrer Aktualisierung besonderer Organe der Rechtssetzung und der Rechtsprechung bedarf. Moderne Rechtsordnungen tendieren dazu, ein komplexes System abstrakter, d. h. stark formalisierter Handlungsvorschriften zu werden, deren Anwendung und Auslegung besondere Fachkenntnis erfordert. Hierdurch werden Expertenmonopole begründet.

Eine weitere soziale Objektivation von gesellschaftsprägender Bedeutung ist die *Religion* als Bezugssystem für fraglos geglaubte Wertbindungen. Die konkreten Erscheinungsformen dieser Wertbindungen können außerordentlich unterschiedlich sein. Aus soziologischer Sicht muß deshalb die kulturspezifische Erfahrungswelt der christlichen Religionsgeschichte relativiert werden. Der Buddhismus z. B. kennt ursprünglich nicht die Vorstellung von Gott. Viele Naturreligionen wiederum haben keine Kirchen im Sinne einer institutionalisierten Glaubensgemeinschaft. Dennoch können wir in jeder Gesellschaft fraglos geglaubte Wertbindungen feststellen, die den Menschen Antwort auf letzte Fragen der Lebensführung geben. Vermittelt Religion auf diese Weise einerseits ein Grundvertrauen, indem sie die menschliche Existenz sinnvoll erscheinen läßt, kann sie andererseits auch zur evolutionären oder revolutionären Umgestaltung der bestehenden Welt herausfordern, indem sie absolute Maßstäbe setzt, die befolgt werden sollen. Es wäre deshalb verfehlt, Religion aus funktionalistischer Sicht nur als Stütze des sozialen Konformismus zu interpretieren.

Für das Verständnis der Religion aus soziologischer Sicht sind ihre verschiedenen Konkretisierungsphasen bedeutsam:

(1) Jede fraglos geglaubte Wertbindung konkretisiert sich in bestimmten Vorstellungen, z. B. von einem höchsten Wesen, der Entstehung der Welt, vom Leben nach dem Tod oder von bestimmten idealen Lebensformen. In der Regel werden diese Vorstellungen in dogmatisierter Form, d. h. als System von Lehrsätzen tradiert.

(2) Die religiöse Vorstellungswelt wird ihrerseits durch Symbole konkretisiert (Kreuz, Weltenrad usw.). Es handelt sich um Sinnbilder des Heiligen, die eine Begegnung des Menschen mit den Glaubenswerten ermöglichen.

(3) Religion erschöpft sich nicht im Glauben, sie führt auch zu religiösen Verhaltensweisen. Diese haben in der Regel die Form des Rituals, d. h. ihr Vollzug ist genau festgelegt, wobei der Handlungsablauf mit symbolhaften Bedeutungen korrespondiert. Derartige Rituale sind z. B. der Gottesdienst, die Taufe, die Einsegnung usw.

(4) Je höher der Institutionalisierungsgrad der Religion, d. h. die gesellschaftlich vermittelte Garantie ihres sichtbaren Fortbestandes ist, desto mehr prägen sich bestimmte religiöse Organisationsformen heraus (Kirche, Klöster usw.). Sie werden durch eine in der Regel einflußreiche Schicht von Spezialisten getragen und repräsentiert (Priester, Mönche).

Da jede Religion auf der fraglosen Hinnahme von Glaubenssätzen beruht, muß sie zumindest gegenüber ihren Anhängern einen absoluten Gültigkeitsanspruch besitzen. Häufig weitet sich dieser auch zu einem Missionierungsanspruch gegenüber

Andersgläubigen aus. Erst in verhältnismäßig späten Phasen der Kulturentwicklung entstehen vor allem durch Kulturkontakte Konkurrenzverhältnisse zwischen verschiedenen Religionen, die letztlich zur Individualisierung der Glaubensformen, zu einer Lockerung der Beziehungen zwischen Religion und Gesellschaft führen.

In der modernen Gesellschaft sind auch zunehmend Glaubenssysteme festzustellen, die einen Religionsersatz darstellen. Hierzu gehören z. B. bestimmte Formen des Nationalismus und des Kommunismus. Sie stellen *Säkularreligionen* dar als Erscheinungen, die in vieler Hinsicht die Form der traditionellen Religion haben, sich aber nicht auf das Jenseits, sondern auf eine bestimmte konkrete Gesellschaft beziehen. Auch der Nationalsozialismus hatte wesentliche Merkmale einer Säkularreligion: Glaubensformen, Rituale, Zeremonien und Ordensgemeinschaften. In manchen Entwicklungsländern entstehen gegenwärtig weiterhin derartige Säkularreligionen, in denen die Bevölkerung ihre sozialkulturelle Identität zu finden sucht.

5.2. Die Orientierungsfunktion sozialer Objektivationen

Eine besondere Bedeutung für die Herstellung des gesellschaftlichen Zusammenhangs im Bewußtsein ihrer Mitglieder haben die sozialen Objektivationen dadurch, daß sie Orientierungspunkte und Interpretationsschemata für die „Standortbestimmung" des Menschen überhaupt bieten und damit seine Wirklichkeitserfahrung filtern. Soziale Objektivationen ermöglichen also weltanschauliche Reflexion und Spekulation, wie sie sich in Leitvorstellungen vom „Menschenbild", „Gesellschaftsbild" und „Weltbild" verfestigen.

Als *Menschenbild* ist die Gesamtheit der Leitvorstellungen vom Sinn und Zweck persönlichen Lebens zu verstehen. Hier gibt es große Unterschiede zwischen verschiedenen Kulturbereichen und Gesellschaften und innerhalb dieser Gesamtheiten zu verschiedenen Zeitpunkten. Von besonderer Tragweite ist hierbei die Bewertung der Auseinandersetzung des Menschen

mit seiner Umwelt. Dem Leitbild eines aktiven Menschentyps,
der die Welt verändern möchte, läßt sich ein Leitbild des kon-
templativen Menschentyps gegenüberstellen, der seine Energie
darauf richtet, sich selbst zu vervollkommnen. Die Wandlungen in der relativen Wertschätzung der vita contemplativa
gegenüber der vita activa werden uns deutlich, wenn wir die
Aussage Thomas von Aquinos: „Das kontemplative Leben
ist besser als das aktive Leben" vergleichen mit der Aussage von
Karl Marx: „Die bisherige Philosophie hat die Welt interpretiert, es kommt darauf an, sie zu verändern". Die große Bedeutung eines durch soziale Objektivationen vermittelten Menschenbildes besteht darin, daß durch seine Verinnerlichung
Enkulturations- und Personalisationsprozesse gesteuert werden,
also die Struktur der sozial-kulturellen Persönlichkeit wesentlich beeinflußt wird.

Als *Gesellschaftsbild* soll die Summe der Vorstellungen
bezeichnet werden, die Personen oder Gruppen vom gesellschaftlichen Wirkungszusammenhang haben. Die fundamen-
talsten Unterschiede ergeben sich daraus, ob man die Gesellschaft integrativ als eine gestufte Ordnung sieht, an der alle
teilhaben, oder ob die Gesellschaft als Spannungsfeld sozialer
Interessengegensätze betrachtet wird. Ein Beispiel für ein betont
integratives Gesellschaftsbild geben die Vorstellungen der heiligen Hildegard von Bingen, die im Himmel wie auf der Erde
eine hierarchische Stufenleiter annahm, auf der die Menschen
je nach ihrem Verdienst bei der Erfüllung christlicher Grund-
werte geordnet wurden. Das Gegenbeispiel eines dichotomi-
schen Gesellschaftsbildes bietet Karl Marx mit seiner Feststellung, daß die bisherige Geschichte eine Geschichte von Klassenkämpfen gewesen sei.

Das *Weltbild* einer Person oder Gruppe umfaßt die Vorstellungen, die den Zusammenhang der Naturphänomene erklären.
Sie lassen sich nach dem jeweils erreichten Objektivierungsgrad,
d. h. nach dem Ausmaß der erfolgten Trennung zwischen beob-
achtendem Subjekt und beobachtetem Objekt typisieren. Die

Gegenpole sind dementsprechend das mythologische und das wissenschaftliche Weltbild.

Ernst Topitsch hat eine Typologie der Entwicklungsformen des Weltbildes ausgearbeitet, die gleichzeitig ein Beispiel für die wissenssoziologische Analyse sozialer Objektivationen darstellt[17]. Er geht davon aus, daß die Frühform des Weltbildes mythologische Projektionen darstellen. Das Weltall wird nach dem Muster der subjektiven Umwelterfahrung bildhaft vergegenwärtigt. Durch diese Interpretationsweise gelten die Erscheinungen des Naturgeschehens gleichsam als Bekräftigung der eigenen gesellschaftlichen Umweltordnung.

Topitsch unterscheidet verschiedene Hauptarten mythologischer Projektionen: Biomorphe Modelle gehen von den grundlegenden Lebensvorgängen aus, die im Weltall wiederkehren, Geburt, Leben und Tod sind allumfassende Erklärungsmuster. So werden z. B. in der griechischen Antike Götter wie Menschen dargestellt, die heiraten und Kinder zeugen. Einen anderen Ansatz haben anthropomorphe Projektionen. Ihr Ausgangspunkt ist die Einheit des menschlichen Organismus. Dementsprechend wird auch die Welt als Organismus gesehen, dessen Glieder nur gemeinsam funktionsfähig sind. Ein häufig wiederkehrender Mythos berichtet z. B. vom Streit der Körperteile untereinander, die selbstständig werden wollten. Angesichts der auftretenden Schwierigkeiten erkannten sie aber schließlich den Kopf als Führungs- und Kontrollinstanz an. Dieses Bild des arbeitsteiligen Organismus wurde häufig auf die Familie, den Staat und schließlich auf die ganze Welt ausgedehnt.

Den Übergang vom mythologischen zum wissenschaftlichen Weltbild stellen die intentionalen Modellvorstellungen philosophisch-theologischer Prägung dar. Hierbei wird den Naturereignissen ein bestimmtes menschliches Planen, Wollen und Handeln unterlegt. Ausgangspunkt ist eine bestimmte Ziel- und

---

[17] Vgl. E. Topitsch: Vom Ursprung und Ende der Metaphysik. Wien 1958.

Zwecksetzung. Mit Hilfe technomorpher Analogien, die vom Bild künstlerisch-handwerklicher Tätigkeit ausgehen, erscheint dann die Welt als ein Kunstwerk. Ein Beispiel ist das ptolemäische Weltbild mit der Vorstellung, daß die kreisenden Himmelskörper wie kunstvolle Maschinen eine ewige Sphärenharmonie hervorbringen. Die Modellvorstellungen können aber auch an soziomorphe Analogien gebunden sein. Dann erscheint die Weltordnung z. B. durch Brauch, Sitte und Recht nach irdischem Muster als gewährleistet.

Allmählich werden diese Formen des mythologischen Weltbildes abgelöst durch rationalisierte Weltanschauungen. Ihre Grundlagen sind bestimmte objektive Regeln. Die Welt wird nicht mehr als ein von personifizierten Kräften gespieltes Drama gedacht, sondern als ein von Naturgesetzen bestimmter Kosmos. Die Ordnung der Welt ist objektiviert und ihre Zusammenhänge werden wissenschaftlich dargestellt. Auf diese Weise erscheint sie als ein kontrollierbarer und erfahrbarer Sachverhalt. Kein mythologischer Herrscher, kein verborgenes Weltengesetz bestimmten die Maßstäbe für das Tun der Menschen. Mit ihrer Freiheit, Zusammenhänge objektiv zu erkennen, gewinnen sie auch die Verantwortung für ihr Handeln.

Der grundlegende Einfluß sozialer Objektivationen auf alle gesellschaftlichen Zusammenhänge hat schon frühzeitig dazu geführt, daß diejenigen Individuen und Gruppen, die für ihre Überlieferung, ihren Ausdruck und ihre Fortentwicklung zuständig waren, besonderen Einfluß erlangten. Die Fähigkeit, aufgrund eines umfassenden kulturgebundenen Wissens Erfahrungen und Ergebnisse zu interpretieren sowie Orientierungshilfen zu geben, verlieh dem „Priester", dem „Weisen", dem „Gelehrten" oder in neuerer Zeit dem „Intellektuellen" eine hervorragende Stellung in der Gesellschaft. Im Zuge der „Entzauberung der Welt" (Max Weber), der fortschreitenden Rationalisierung sozialer Objektivationen, sind ihre Träger und Vermittler immer mehr zu Vertretern von Fachwissenschaften geworden. Dieser Prozeß der fortschreitenden Objektivierung und Rationalisierung der Welt ist der Sache nach unbegrenzt. Es gibt nichts, was nicht Gegenstand wissenschaftlicher Forschung werden könnte. Damit wird die moderne Wissenschaft zum Kontrollorgan sozialer Objektivationen und zugleich zu einem umfassenden Steuerungselement sozialen Handelns. Mit ihrer Hilfe produziert der Mensch einen beherrrschbaren Weltausschnitt, ein kontrollierbares Medium und Objekt seines Handelns.

5.3. Prozesse der Ideologiebildung

Der versachlichende Einfluß der Wissenschaften auf die Prägung der sozialen Objektivationen bleibt im Spannungsfeld gesellschaftlicher Interessen nicht unverändert. Auf der Grundlage partikularer Interessenlagen werden soziale Objektivationen umgeformt. Hierbei entstehen fortwährend *Ideologien* als interessengebundene Interpretationsmuster gesellschaftlicher Phänomene. Aus logischer Sicht stellen sie eine Vermengung von Werturteil und Sachaussage dar. Da es durchaus der Situation des handelnden Menschen entspricht, bestimmte sachliche Gegebenheiten anhand seiner Interessenlage zu bewerten und dementsprechend auf deren Befestigung oder Veränderung zu drängen, ist es für ihn außerordentlich schwierig, seine Ideologiebezogenheit zu erkennen. Hierzu wäre eine „intellektuelle Gefühlsaskese und Selbstkontrolle" des Individuums (Theodor Geiger) erforderlich, die nur bei einer sozialen Minderheit vorausgesetzt werden kann. Begründet dieser Sachverhalt auch einen totalen Ideologieverdacht, wie ihn etwa Karl Mannheim geäußert hat, so wird damit jedoch noch nicht die soziologische Bedeutung des Ideologiephänomens hinreichend erfaßt. Sie erschließt sich erst durch die Erkenntnis, daß Ideologien mehr als geistige Krückstöcke für den seine Umwelt nur begrenzt durchschauenden, aber unter Handlungszwang stehenden Menschen sein können. Viel bedeutsamer als diese Ideologien des alltäglichen Lebens sind jene Ideologien, die als Mittel im Kampf um die Beeinflussung sozialer Objektivationen und damit um Herrschaftspositionen in der Gesellschaft verwendet werden. In ihnen weitet sich eine standortgebundene Denkweise zur umfassenden Interpretationsformel aus, die bestimmte gesellschaftliche Strukturen pseudowissenschaftlich rechtfertigt.

Anhand ihrer jeweiligen Bezugsbasis lassen sich diese gesamtgesellschaftlich wirksamen Ideologien klassifizieren. Eine weitverbreitete Form der Ideologie entsteht durch standortgebundene, partikularisierende Verabsolutierung materieller Daseinsbedingungen. Werden biologische Faktoren als wesentlichste Orientierungs- und Erklärungsgründe angenommen, können z. B. Familienideologien entstehen. Die Gesellschaft erscheint aus dieser Sicht dann als eine Art Clan, als eine Art Großsippe. Eine andere Variante ist die Ideologisierung einer bestimmten Blutmischung, die zum Aufbau einer Rassenideologie führt. Die Verabsolutierung ökologischer Faktoren führt zu Raumideologien, z. B. zu einer Idealisierung der ländlichen Lebensweise und einer Abwertung des Großstadtmilieus. Politisch besonders brisant war die „Volk-ohne-Raum-Ideologie", die zur Rechtfertigung imperialistischer Politik diente. Eine besondere Kombination biologischer und ökologischer Faktoren war die Grundlage der Blut- und Boden-Ideologie des Nationalsozialismus. Zu den materiellen Daseinsbedingungen einer Gesellschaft gehören selbstverständlich auch die ökonomischen und technischen Voraussetzungen. Werden sie ideologisiert, entstehen ökonomistische und technizistische Erklärungs- und Rechtfertigungsmodelle. Mit deren Hilfe wird die Gesellschaftsproblematik auf wirtschaftliche Prozesse oder auf das „richtige" Funktionieren von Abläufen reduziert.

Ein zweiter wichtiger Ansatzpunkt für Ideologien sind Gesellschaftsstruktur und Sozialbewußtsein. Es kann z. B. die Bedeutung einer bestimmten sozialen Gruppe oder sozialen Schicht verabsolutiert werden, wie etwa in den Elite- und Vermassungsideologien oder in den Ideologien des Mittelstandes. Eine Sonderfom der Ideologisierung von Faktoren aus dem Bereiche der Sozialstruktur und des Sozialbewußtseins ist die Verabsolutierung des Staates. Der Staat erscheint herausgelöst aus der Gesellschaft und dieser übergeordnet. Daraus werden dann bestimmte Ansprüche gegenüber dem Individuum abgeleitet. Wird diese Staatsideologie auf eine ethnisch homogene Bevölkerung angewendet, entsteht als besonders einflußreiche Sonderform der Nationalismus: Alle wichtigen Sozialerscheinungen werden vom abstrakten Interessenstandpunkt der Nation aus beurteilt und zu gestalten versucht. Hiermit wird in der Regel ein bedeutsamer sozialer Integrationseffekt erzielt, der aber langfristig nicht darüber hinwegtäuschen kann, daß Spannungen zwischen sozialen Interessenlagen fortexistieren.

Ein dritter Bezugspunkt der Ideologienbildung können schließlich gesamtgesellschaftliche Wertsysteme, d. h. die sozialen Objektivationen selbst sein. Aus der Vielzahl der möglichen Ansätze sollen hier nur die Gesellschaftsbilder erwähnt werden. Je nach der Grundeinstellung zu sozialen Veränderungen lassen sich stabilisierende, ausgleichende oder umwandelnde Ideologien unterscheiden. Werden die stabilisierenden Merkmale des Gesellschaftsbildes überbetont, bilden sich Ideologien des Konservatismus bzw. des Traditionalismus heraus. Die Betonung ausgleichender Aspekte führt zu sozialliberalen Ideologien. Ein besonderes Interesse an der Umwandlung der Gesellschaft führt zu radikal-liberalistischen oder radikal-sozialistischen Ideologien.

Entwickelt sich eine Ideologie durch Kombination von Teilideologien bzw. durch die Ausweitung ihrer Ansatzpunkte zu einem umfassenden Orientierungsschema, das sowohl materielle Daseinsbedingungen als auch Gesellschaftsstruktur und Sozialbewußtsein und schließlich soziale Objektivationen umfaßt, stellt sie ein umfassendes Weltanschauungssystem dar, das die Tendenz hat, sich zur „Säkularreligion" zu entwickeln.

Entscheidend für die gesellschaftliche Bedeutung von Ideologien ist der Umstand, ob ein Ideologienpluralismus besteht oder ob durch das Vorherrschen und den schließlichen Sieg einer Ideologie ein Totalitarismus begründet wird. Ideologienkonkurrenz führt regelmäßig zur Relativierung ihres Wahrheitsanspruchs und damit auch zu einer kritischen Distanzierung, die Entideologisierungsprozesse einleiten kann. Der Totalitarismus hingegen führt zu einer sozialen Zwangsintegration, wobei die ideologiekonformen Teile der Gesellschaft privilegiert werden. Historische Beispiele zeigen, daß totalitaristische Systeme über eine relativ hohe interne Stabilität verfügen und ihr Wandel eher durch externe Einflüsse eingeleitet wird.

Das Ideologieproblem stellt sich also aus soziologischer Sicht nicht allein als Frage nach Gewinnung einer objektiv richtigen, nachprüfbaren Erkenntnis dar. Es muß auch untersucht werden, aufgrund welcher Voraussetzungen sich gesamtgesellschaftlich bedeutsame Ideologien bilden und ausbreiten und welche Folgen dies hat. Hierbei ist der Umstand besonders zu berücksichtigen, daß soziale Objektivationen ebenso wie Organisationen, Gruppen und individuelle Verhaltensweisen beeinflußt werden können. Prozesse der Ideologiebildung und -durchsetzung sind deshalb eng mit Veränderungen in der Macht- und Herrschaftsstruktur einer gegebenen Gesellschaft verbunden.

Fragen zur Arbeitskontrolle

1. Welche Hauptvoraussetzungen haben überlieferungsfähige Lebensformen?
2. Was ist unter sozialen Objektivationen zu verstehen?
3. Wodurch unterscheiden sich soziale Objektivationen von Institutionen?
4. Nennen Sie Beispiele von Bezugssystemen für die Umwelterfahrung.
5. Worin unterscheiden sich Brauch, Sitte und Recht?
6. Aus welchen Elementen setzt sich die Rechtsordnung einer Gesellschaft zusammen?
7. Wodurch wird Religion aus soziologischer Sicht charakterisiert?
8. Stellen Sie die verschiedenen sozialen Konkretisierungsphasen der Religion dar.

9. Was sind Säkularreligionen?
10. Welche sozialen Funktionen haben soziale Objektivationen?
11. Welche Grundtypen von Menschenbildern, Gesellschaftsbildern, Weltbildern gibt es?
12. Welche Entwicklungsformen des Weltbildes hat Topitsch typisiert?
13. Wodurch werden soziale Objektivationen in der modernen Gesellschaft kontrolliert?
14. Welche Grundtendenz haben soziale Objektivationen in der modernen Gesellschaft?
15. Was sind Ideologien?
16. Wie lassen sich Ideologien klassifizieren nach ihrer Bezugsbasis?
17. Nennen Sie Beispiele für die verschiedenen Ideologietypen.
18. Welche Auswirkungen hat ideologischer Totalitarismus?
19. Welche zwei Aspekte hat das Ideologieproblem aus soziologischer Sicht?

IV. Sozialstruktur und sozialer Wandel

Die Wirkungszusammenhänge zwischen Personen und Gruppen in sozialen Gebilden werden durch Beeinflussungsfaktoren aus ihrer weiteren sozialen Umwelt entscheidend mitgeprägt. Um etwa die sozialen Probleme von jungen Menschen, von Familien, von Betrieben oder von Verbänden zu erfassen, muß der gesellschaftliche Hintergrund, durch den diese kleineren Bereiche entscheidend geprägt werden, in die Analyse miteinbezogen werden. Derartige Makrosituationen, in die die Individuen bzw. die sozialen Gebilde hineingestellt sind, verweisen auf die Notwendigkeit, sich in der Soziologie auch mit dem relativ kontinuierlichen gesamtgesellschaftlichen Wirkungszusammenhang zu beschäftigen, der als *Sozialstruktur* bezeichnet werden soll. Häufig wird dieser Hintergrund der mikrosoziologischen Interaktionsprozesse durch Schlagworte charakterisiert, wie z. B. „spätkapitalistische Gesellschaft", „moderne Industriegesellschaft" oder „nivellierte Mittelstandsgesellschaft". Der Erkenntniszuwachs, den soziologische Forschung zu leisten in der Lage ist, beruht aber darauf, daß diesen vagen Umschreibungen empirisch verifizierbare Aussagen über die Vorgänge zugeordnet werden, die den sozialen Standort eines Menschen in der Gesellschaft und seine möglichen Veränderungen bestimmen. Derartige Untersuchungen, die in der Regel auf Probleme der sozialen Schichtung, der sozialen Mobilität und des sozialen Wandels gerichtet sind, können die Grundlage für eine wirklichkeitsnahe Theorie der Sozialstruktur einer gegebenen Gesellschaft und damit auch die Grundlage für gesellschaftspolitische Aktivitäten (Sozialplanung) liefern.

1. Soziale Schichtung

Jede Beschäftigung mit Problemen der Sozialstruktur verweist auf die außerordentliche Vielgestaltigkeit von Lebenssituationen, in denen sich die Individuen befinden und die Ausdruck fundamentaler sozialer Unterschiede sind. Wichtigste Differenzierungsmerkmale einer gegebenen Bevölkerung sind Unterschiede in den objektiven Lebenslagen und den entsprechenden subjektiven Interessenlagen. Die *Lebenslage* ergibt sich aus dem Verfügungsspielraum über Güter und Dienstleistungen sowie den Chancen zu seiner Erweiterung und Sicherung. Hierbei ist eine Abhängigkeit vom gesellschaftlich anerkannten Leistungsbeitrag des Individuums und seinem Machtpotential zur Durchsetzung seiner Ansprüche festzustellen. Die *Interessenlage* wird durch die Intensität und Richtung der Wünsche nach Bewahrung oder Veränderung einer gegebenen Lebenslage gekennzeichnet. Eine Ordnung der Bevölkerung nach den tatsächlich gegebenen objektiven Lebenslagen unter Berücksichtigung der subjektiven Interessenlagen ergibt das Bild der *sozialen Schichtung* der Gesellschaft. Die konkreten Erscheinungsweisen der sozialen Schichtung sind für vor- und frühindustrielle Gesellschaften leichter zu beschreiben als für die hochdifferenzierten Gesellschaften des industriellen Reifestadiums. Die wichtigsten geschichtlich nachweisbaren Typen der sozialen Schichtung sind „Kaste", „Stand" und „Klasse".

1.1. Historische Schichtungstypen

Wenn die Verteilung der objektiven Lebenslagen von der Familienzugehörigkeit abhängig ist und durch strikte Aufstiegsbeschränkung sowie das Gebot der Endogamie (sozial homogene Heiratskreise) diese Positionszuordnung nach der Herkunft stabilisiert wird, entstehen *Kasten*. Die Zuordnungskriterien zu den einzelnen Kasten werden ebenso wie deren unterschiedliche Wertung in einem hierarchisch gedachten Gesellschaftsaufbau häufig durch religiöse Überzeugungen gerechtfertigt. So richtet sich z. B. das Interesse des gläubigen Hindu nicht auf die Überwindung der Kastenschranken im Diesseits, sondern auf eine strikte Einhaltung der Kastengebote, die ihm bei einer späteren Wiedergeburt die Zugehörigkeit zu einer höheren Kaste sichert. Es wird angenommen, daß Kasten insbesondere in ethnisch inhomogenen Gesellschaften entstehen. So trägt in der Tat die soziale Segregation von Weißen und Farbigen in Südafrika und in den Südstaaten der USA kastenartige Züge.

Als *Stand* ist eine rechtlich sanktionierte, mit Pflichten und Privilegien ausgestattete soziale Großgruppe zu bezeichnen, die in der Regel eine spezifische Leistungsstruktur ihrer Mitglieder aufweist (Berufsstände). Da die Lebenslage des einzelnen in einer ständischen Gesellschaft von der Teilhabe an den Standesprivilegien abhängt, sind die Interessenlagen auf eine monopolistische Verankerung dieser Privilegien gerichtet. Im kontinentaleuropäischen Mittelalter gliederte sich die Gesellschaft auf diese Weise in die Herrenstände des weltlichen und geistlichen Adels, denen gegenüber auf dem Lande die Bauernschaft den dritten Stand bildete, während in den Städten diese Position dem sich aus Handwerkern und Handelsstand entwickelnden Bürgertum zukam. Grundlage jeder ständischen Sozialstruktur ist eine strikte Funktionsgliederung der Bevölkerung, wofür die jeweilige Berufstätigkeit die beste Grundlage bildet. Eine weitere Vorbedingung besteht darin, daß die Wirtschaftsverhältnisse eine längerfristige Homogenität und Stabilität der so entstandenen Leistungsgemeinschaften sowie der zwischen ihnen stattfindenden Austauschprozesse zulassen. Um diese Gegebenheiten zu befestigen, zeigen ständische Gesellschaften in der Regel eine starke Traditionsbindung. Der Übergang zwischen Stand und Kaste ist in den Fällen fließend, in denen die Zugehörigkeit zu einem Stand allein durch die Abstammung erworben wird. In traditionsreichen Berufsgruppen finden sich auch in der Gegenwartsgesellschaft noch Reste ständischer Bewußtseinsstrukturen (Standesethik), deren Grundlage ein Leistungsmonopol ist, das in entsprechenden politischen Interessenvertretungen seinen Ausdruck findet (z. B. „mittelständische Interessen").

Die Existenz der *Klasse* als historisch-soziologische Kategorie setzt bestimmte Entwicklungsphasen der sozialökonomischen Struktur voraus. Es ist erforderlich, daß durch monopolistische Begrenzung des Zugangs zu den Produktionsmitteln Arbeitsverhältnisse mit unterschiedlichem Abhängigkeitsgrad entstehen, die auch zu einer Differenzierung der subjektiven Interessenlagen führen. In einer Klassengesellschaft erfolgt die Zuordnung von Lebenslagen aufgrund der dem Individuum oder der betreffenden sozialen Gruppe verfügbaren Marktmacht bei der Konkurrenz um Erwerbschancen. Entsprechend dem Ausmaß des Solidarisierungsprozesses der Mitglieder einer Klasse kann diese auch an der Konkurrenz um politische Macht teilnehmen. Es ist also von großer Bedeutung, in welchem Ausmaß die gegebene objektive Klassenlage zur Bildung eines entsprechenden subjektiven Klassenbewußtseins führt. Karl Marx bezeichnete diesen Prozeß als Wandel der „Klasse an sich" in eine „Klasse für sich".

Der Begriff „Klasse" wird in der Soziologie je nach der gesellschaftsphilosophischen Position außerordentlich unterschiedlich definiert. Der Versuch einer Strukturierung der Gesellschaft anhand sozialökonomisch bedingter Kategorien geht bis auf Adam Ferguson zurück[1]. Aber erst bei Karl Marx wird „Klasse" zum Schlüsselbegriff eines soziologischen Systems mit gesellschaftsphilosophischen Grundlagen und gesellschaftspolitischen Implikationen. Leider hat Marx keine genaue Definition des Klassenbegriffs gegeben. Das 52. Kapitel im dritten Band seines „Kapitals" blieb Fragment. Am ehesten skizziert er seine Auffassung in der Schrift „Der 18. Brumaire des Louis Bonaparte": „Insofern Millionen von Familien unter ökonomischen Existenzbedingungen leben, die ihre Lebensweise, ihre Interessen und ihre Bildung von denen der anderen Klassen trennen und ihnen feindlich gegenüberstehen, bilden sie eine Klasse. Insofern nur ein lokaler Zusammenhang unter den Parzellenbauern besteht, die Dieselbigkeit ihrer Interessen keine Gemeinsamkeit, keine nationale Verbindung und keine politische Organisation unter ihnen erzeugt, bilden sie keine Klasse. Sie sind daher unfähig, ihr Klasseninteresse . . . geltend zu machen[2]."

Grundlage der Klassenbildung ist für Karl Marx der Anteil am oder der Ausschluß vom Eigentum an den Produktionsmitteln, wodurch ein unauflösbarer Widerspruch zwischen den Klassen entsteht, der bei entsprechender Bewußtseinsbildung der Beteiligten zum Klassenkampf führt. So erscheint für die Verfasser des „Kommunistischen Manifests" auch die bisherige Geschichte als Geschichte von Klassenkämpfen. In der modernen Gesellschaft besteht dieser Widerspruch zwischen den Klassen der Kapitalisten und der Proletarier. Er läßt sich aus der Sicht des orthodoxen Marxismus nur revolutionär durch „Expropriation der Expropriateure" überwinden.

Durch unterschiedliche Akzentuierung der verschiedenen Elemente dieses Marx'schen Schemas ist eine Vielfalt von Klas-

---

[1] Vgl. A. Ferguson: Abhandlung über die Geschichte der bürgerlichen Gesellschaft (1789).
[2] K. Marx: Politische Schriften. Bd. I. Stuttgart 1960, S. 375–376.

sendefinitionen entstanden, die P. Mombert in drei Typen eingeteilt hat[3]:

(1) objektivistische Klassenbegriffe, die von Fakten der materiellen Situation ausgehen;

(2) subjektivistische Klassenbegriffe, die ihren Ausgangspunkt in der psychischen Verfassung des Klassenmit-
glieds selbst haben;

(3) Klassenbegriffe, in denen objektive und subjektive
Momente verknüpft werden.

Mit zunehmender Differenzierung der modernen Gesellschaft
wurde die Verwendung des Klassenbegriffs zur Analyse einer
Sozialstruktur immer schwieriger. Den Versuch einer Weiter-
bildung dieser Kategorie unternahm Ralf Dahrendorf[4], indem
er nicht mehr von den immer diffuser werdenden Eigentumsverhältnissen, sondern von der in jedem sozialen Gebilde gegebenen Dichotomie zwischen Herrschenden und Beherrschten
ausging. Auf diese Weise gelangte er zu einer Vielzahl von
Klassenstrukturen, an denen das Individuum in unterschiedlichem Ausmaße und sogar in unterschiedlicher Richtung teilhaben kann. Damit wird allerdings auch der Anspruch aufgegeben, mit Hilfe des Klassenbegriffs eine eindeutige Zuordnung
von Lebens- und Interessenlagen zu erreichen und dadurch die
gesellschaftliche Dynamik zu erklären. An die Stelle des auf die
Gesamtgesellschaft bezogenen Bedeutungshorizonts treten die
partikulären sozialen Gebilde.

Immer stärker wird in der gegenwärtigen Soziologie bei der
Analyse der Sozialstruktur mit dem Begriff der *„sozialen
Schicht"* operiert. Bei der Lektüre der angelsächsischen Fachliteratur ist z. B. darauf zu achten, daß in der Regel „social
class" mit dem Bedeutungsinhalt „soziale Schicht" verwendet

[3] Vgl. P. Mombert: Zum Wesen der sozialen Klasse. In: M. Palyi (Hrsg.), Er-
innerungsgabe für Max Weber. München und Leipzig 1923.
[4] R. Dahrendorf: Soziale Klassen und Klassenkonflikt in der industriellen Gesellschaft. Stuttgart 1957.

wird. Es handelt sich hierbei um eine allgemeine Kategorie zur Erfassung sozialer Unterschiede von gesamtgesellschaftlicher Bedeutung. Ihre Grundlage sind empirisch nachweisbare Merkmale, die Rückschlüsse auf den sozialen Status eines Individuums erlauben, wobei unter Status die objektive Rangstellung zu verstehen ist. Als soziale Schicht kann also ein Personenkollektiv mit gleichen oder ähnlichen Statusmerkmalen bezeichnet werden. Um die Zugehörigkeit zu einer sozialen Schicht zu bestimmen, ist deshalb die Messung des sozialen Status erforderlich. Hierbei treten sehr schwierige methodologische Probleme auf. Es ist ein Schichtmodell zu bilden, und die Kriterien zur Statusbestimmung müssen festgelegt werden. Die am häufigsten verwendeten Kriterien sind Einkommenslage, Bildungsniveau und Berufsprestige, wobei letzteres anhand einer Rangordnung von Selbsteinschätzungen ermittelt wird. Abgesehen von der Frage, ob zur Statusbestimmung nur objektive Merkmale oder auch subjektive Bewertungen verwendet werden sollen, muß geklärt werden, ob es überhaupt Statusunterschiede gibt, die auf gesamtgesellschaftlicher Ebene vergleichbar sind. Dies ist mit einigem Grund zu bezweifeln. Ein fortdauernder Differenzierungstrend führt zur Auffächerung sozialer Unterschiede sowohl in und zwischen den verschiedenen sozialen Gebilden, als auch in den verschiedenen Merkmalskategorien der Lebenslagen, wie Eigentum, Einkommen, Bildungsniveau und Berufsprestige. So wird es für den einzelnen immer schwieriger, seinen Standort innerhalb der gesamtgesellschaftlichen sozialen Schichtung zu bestimmen. Die Einordnung in ein gesamtgesellschaftliche Gültigkeit beanspruchendes Schichtungssystem erfordert dementsprechend eine immer kompliziertere Modellbildung. Das hängt mit dem schon von Dahrendorf in seiner Klassentheorie berücksichtigten Phänomen der *Statusinkongruenz* zusammen, d. h. der unterschiedlichen Rangstellung identischer Personen und Gruppen in verschiedenen Gesellschaftssektoren. Wo Statusinkongruenzen in erheblichem Ausmaße auftreten, wird das Verfahren des Statussum-

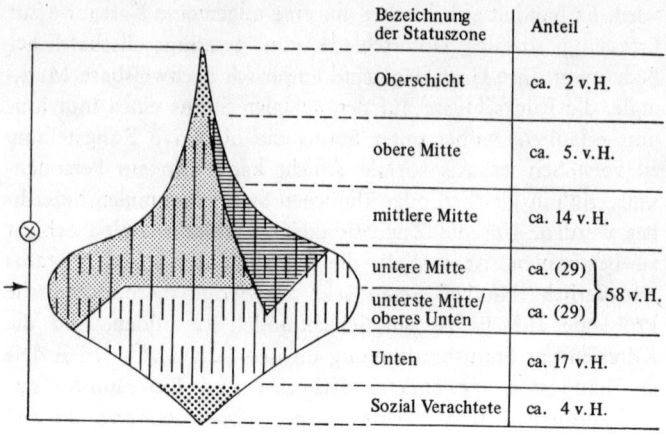

	Bezeichnung der Statuszone	Anteil
	Oberschicht	ca. 2 v. H.
	obere Mitte	ca. 5. v. H.
	mittlere Mitte	ca. 14 v. H.
	untere Mitte	ca. (29) } 58 v. H.
	unterste Mitte/ oberes Unten	ca. (29)
	Unten	ca. 17 v. H.
	Sozial Verachtete	ca. 4 v. H.

Die Markierungen in der breiten Mitte bedeuten:

▨ Angehörige des sogenannten neuen Mittelstands

▤ Angehörige des sogenannten alten Mittelstands

☐ Angehörige der sogenannten Arbeiterschaft

Punkte zeigen an, daß ein bestimmter gesellschaftlicher Status fixiert werden kann.

Senkrechte Striche weisen darauf hin, daß nur eine Zone bezeichnet werden kann, innerhalb derer jemand etwa im Statusaufbau liegt.

⊗ = Mittlere Mitte nach den Vorstellungen der Bevölkerung

→ = Mitte nach der Verteilung der Bevölkerung. 50 v. H. liegen oberhalb bzw. unterhalb im Statusaufbau

Abb. 2. Statusaufbau und Schichtungen der Bevölkerung der BRD (aus: K. M. Bolte, Deutsche Gesellschaft im Wandel, Opladen 1966).

mation immer fragwürdiger. So können gesamtgesellschaftliche Schichtungsmodelle immer nur Näherungswerte hinsichtlich der Verteilung objektiver Lebenslagen und der Einschätzung subjektiver Interessenlagen geben. Ein plausibles Bild der sozialen Schichtung der Bundesrepublik hat K. M. Bolte mit seinen Mitarbeitern gezeichnet (Abb. 2).

1.2. Moderne Schichtungstheorien

Neben der Bestimmung der nachweisbaren sozialen Schichtung in einer Gesellschaft beschäftigt die Soziologie auch die Erklärung der sich hierin manifestierenden sozialen Unterschiede. Die Frage, wie es zur Entstehung differentieller Lebens- und Interessenlagen kommt, hat eine lange Tradition. Zu ihrer Beantwortung gibt es zwei Ansatzpunkte, die weit in das 19. Jahrhundert zurückreichen. Den einen Ansatzpunkt gibt die Frage nach den Determinanten der sozialen Ungleichheit, wobei im Hintergrund sehr häufig die Auffassung steht, daß es keine Ungleichheit geben sollte. Das Faktum wird politisch zu erklären versucht, wobei man auf unterschiedliche Macht- und Herrschaftsanteile zurückgreift, eine Tradition, die sowohl auf liberalistisches als auch auf sozialistisches und kommunistisches Gedankengut zurückgeht.

Beim zweiten Ansatzpunkt geht es nicht so sehr um die Entstehung sozialer Differenzierungen, sondern vielmehr um ihre funktionale Bedeutung. Man nimmt den Prozeß der sozialen Differenzierung als eine Grundtatsache an und verbindet ihn mit anderen Differenzierungsprozessen, wie beispielsweise der Arbeitsteilung. Richtungweisend waren hierbei die Werke evolutionistischer Theoretiker, wie beispielsweise H. Spencers. Auch Georg Simmel und Gustav Schmoller haben sich mit diesem Problem auseinandergesetzt. Die neueren Theorien gehen davon aus, daß mit zunehmender Komplexität und Größe der wirtschaftlichen Aggregate eine Funktionsteilung notwendig wird, die zu einer Differenzierung der Menschen entsprechend dem Ausmaß ihres funktionalen Beitrages führt. Auf diese Weise kommt es zu einer unterschiedlichen Einkommens-, Status- und Prestigeverteilung. Allerdings entsteht dann sofort das Problem, wodurch denn diese unterschiedliche Bewertung der funktionalen Beiträge veranlaßt wird, d. h.

warum beispielsweise der funktionale Beitrag eines Direktors höher bewertet wird als der eines Facharbeiters. Diese Frage können die Theoretiker der sozialen Differenzierung nicht beantworten, jedoch die Theoretiker der sozialen Ungleichheit. Statt dessen versuchen die Theoretiker der sozialen Differenzierung zu erklären, warum eine einmal ausgeprägte soziale Schichtungsstruktur von relativ großer Dauerhaftigkeit ist. In zwei auch gesellschaftspolitisch einflußreichen Modellvorstellungen sind die unterschiedlichen Einflüsse der „Ungleichheitsthese" und der „Differenzierungsthese" besonders offensichtlich: im Leitbild der „antagonistischen Klassengesellschaft" und im Leitbild der „nivellierten Mittelstandsgesellschaft". Als Vertreter der „Ungleichheitsthese" stellte z. B. Wolfgang Abendroth fest:

„Die Existenz dieser (die übergroße Majorität der Erwerbstätigen umfassenden) sozialen Gruppen (der Arbeitnehmer, Anm. des Verf.) auf der einen und derjenigen Schichten auf der anderen Seite, die durch die Verfügungsgewalt über den Wirtschaftsapparat der Gesellschaft, die nach wie vor durch das Eigentum an den Majoritätspaketen der Kapitalgesellschaften legitimiert wird (die ihrerseits das Eigentum am Produktionsapparat besitzen), das Recht zur inhaltlichen Bestimmung des gesellschaftlichen Arbeitsprozesses gewinnen, macht deutlich, daß die bundesrepublikanische Gesellschaft immer noch Klassengesellschaft ist. Die äußerliche Verdeckung dieses Tatbestandes durch Verschiebung und (höchst teilweise) Angleichung der Konsumgewohnheiten und Erweiterung der Konsummöglichkeiten, kann diesen Tatbestand nicht aufheben, sondern bestenfalls in begrenztem Maße verhüllen[5]."

Die Antithese zur Klassengesellschaft ist für Abendroth die klassenlose Gesellschaft, „in der nicht Sonderinteressen privilegierter gesellschaftlicher Gruppen dieser allseitigen Demokratisierung der Gesellschaft entgegenstehen[6]."

---

[5] W. Abendroth: Antagonistische Gesellschaft und politische Demokratie. Neuwied 1967, S. 25.
[6] Ebd., S. 361.

Von der „Differenzierungsthese" beeinflußt erweist sich Helmut Schelsky, dessen Begriff der „nivellierten Mittelstandsgesellschaft" ganz auf „Nivellierung" als Gegenbild zur „Differenzierung" abhebt, politische Herrschaftsverhältnisse aber zunächst gar nicht berücksichtigt:

„Es gibt fast keine Bevölkerungsgruppe, fast keine Familie mehr, deren Schicksal nicht in einem sozialen Aufstiegs- oder Abstiegsvorgang bestände; die Schichten, die bisher in ihrem sozialen Status verharren konnten – und dies waren in der Wohlstandsphase des Kapitalismus gerade die prestigereichen vorindustriellen Oberschichten –, sind zur großen Masse gerade in die neueren Abstiegs- und Verarmungsprozesse hineingerissen. Beide Richtungen der sozialen Mobilität wirken aber in der Herausbildung des gleichen sozialen Verhaltens und eines gleichen sozialen Status zusammen: einer sozial standortlabilen, nivellierten, kleinbürgerlich-mittelständisch sich verhaltenden Gesellschaftsschicht" ... „Die Gesellschaft ist in ihrem Sozialbewußtsein auf irgendeine Mittellage hin nivelliert, der Begriff ihres Selbstbewußtseins lebt von der Überwindung einer Spannung zwischen Ober- und Unterschicht. Diese gleichförmige soziale Selbsteinschätzung ist der Ausdruck für einen einheitlichen Lebensstil und gleichartige soziale und politische Ideale: Mittelständisches Selbstbewußtsein bedeutet, daß man sich sozial in der Lage fühlt, in seinem Lebenszuschnitt an den materiellen und geistigen Gütern des Zivilisationskomforts teilzunehmen" ... „Damit scheint uns deutlich geworden zu sein, daß ein Verständnis unserer Gesellschaftsstruktur als Klassengesellschaft nicht mehr aufrechtzuerhalten ist[7]."

Die Thesen Abendroths und Schelskys liefern zwar wichtige Gesichtspunkte für empirische Untersuchungen und deren Interpretation, sie werden aber der sehr differenzierten sozialen Schichtungsstruktur hochindustrialisierter Gesellschaften nicht ganz gerecht:

(1) Die *Eigentumsstruktur* ist durch die Aufspaltung von Besitz, Nutzung und Verfügungsgewalt sowie durch die Koexistenz von Privateigentum, Gemeineigentum, genos-

---

[7] H. Schelsky: Wandlungen der deutschen Familie in der Gegenwart. Stuttgart 1960, S. 222, 224, 226. Vgl. auch seinen Aufsatz: Die Bedeutung des Klassenbegriffs für die Analyse unserer Gesellschaft. In: Jb. für Sozialwissenschaft 12 (1961).

senschaftlichem Eigentum und Staatseigentum an den Produktionsmitteln zweifellos nicht mehr die Basis für eine problemlose Zuordnung der Bevölkerung zu Klassen im orthodox-marxistischen Sinn[8]. Auch kann Eigentumsmacht immer stärker durch Verbandsmacht neutralisiert werden, wobei beide der Tendenz wohlfahrtsstaatlicher Regelungen unterliegen. Die Erwerbschancen hängen weniger vom Eigentum als von der Beeinflussung zentraler Planungsinstanzen (Einkommenspolitik) ab.

(2) Die Möglichkeit zur systematischen Steigerung des Sozialprodukts hat einhergehend mit der Institutionalisierung umfassender Systeme sozialer Sicherung die hauptsächlichen Formen traditioneller Armut beseitigt. Der bedeutsame *Anstieg des Lebensstandards* aller Bevölkerungsschichten darf aber nicht darüber hinwegtäuschen, daß neue Formen relativer Deprivation infolge eines ebenfalls wachsenden sozialen Anspruchsniveaus vor allem in der kommerziell manipulierten Lebensführung unkritischer Konsumentenmassen sichtbar werden.

(3) Was die *unterschiedliche Statusverteilung* betrifft, so werden zwar weiterhin die höchsten und niedrigsten Positionen in unserer Gesellschaft relativ klar erkannt. Für den überwiegenden Teil der Bevölkerung gibt es jedoch kein gesamtgesellschaftlich einheitliches Rangsystem zur Einordnung des einzelnen in die Gesellschaft. Durch die Differenzierung der Sichtweisen und die Vielzahl der Kriterien werden die zweifellos noch bestehenden Schichtungsunterschiede teilweise verschleiert. Immer weniger sind auch die Unterschiede im Einkommen, in der Berufsstellung und im Bildungsniveau traditionell festgelegt. Sie ergeben sich weitgehend aus der funktionalen Stellung des Individuums im Rahmen sozialer Zweckgebilde. Sie ist unter dem Einfluß wirtschaftlich-technischer Ver-

[8] Vgl. F. Fürstenberg: Wirtschaftssoziologie. Sammlung Göschen Bd. 1193/1193 a 2. Aufl. Berlin 1970, S. 44 ff.

änderungen selten für längere Lebensabschnitte konstant. Es besteht die Tendenz zur *Mobilisierung der Statusverteilung*.

(4) Das vorherrschende Sozialbewußtsein trägt weder die Züge einer antagonistischen Klassengesellschaft, noch die einer nivellierten Mittelstandsgesellschaft. In der „Arbeiterschaft" schreitet die *Entkollektivierung des Sozialbewußtseins* unaufhaltsam voran. Sie führt allerdings nicht bruchlos und automatisch zur Ausprägung des homo politicus, sondern angesichts der nur begrenzt vorhandenen Mitwirkungsmöglichkeiten zu einer wachsenden Privatisierung. Allgemein herrscht eine Konkurrenz unterschiedlichster Leitbilder der sozialen Schichtung, was zur Relativierung und Abnahme ihres Verbindlichkeitsgrades führt. Die „Entideologisierung" des Sozialbewußtseins, die sich daraus ableiten ließe, wird jedoch gehemmt durch das Entstehen neuer „Instrumentalideologien", die am „richtigen Funktionieren" gesellschaftlicher Abläufe orientiert sind. Dadurch wird die Politisierung sozialer Großgruppen technokratisch kanalisiert.

Als Gesamtbild ergibt sich der Befund eines ausgeprägten Pluralismus der Lebensräume, der Interessen und der Werthaltungen. Er weist auf eine wachsende Differenzierung und Auffächerung der Sozialstruktur hin. Die fortbestehenden Interessengegensätze, die immer wieder neue Formen annehmen, verweisen andererseits auf soziale Ungleichheit in den Lebenslagen, die jedoch durch institutionelle Ausgleichsmechanismen nur bei zahlenmäßig geringen Randgruppen zu Radikalisierungstendenzen führt. So ist der Feststellung K. M. Boltes, D. Kappes und F. Neidhardts zuzustimmen:

„Unabhängig von der Frage, ob sich in der heutigen Gesellschaftsstruktur der BRD noch Elemente der früheren Klassengesellschaft nachweisen lassen, muß also festgestellt werden, daß eine gesellschaftliche Gesamtdeutung, die die Existenz zweier feindlicher Blöcke mit unversöhnlichen Interessengegensätzen und Bewußtseinsinhalten in allen Daseinsbereichen behauptet, die dominierenden Elemente unserer heutigen Sozialstruktur verfehlt. In diesem Sinne haben wir keine Klassengesellschaft, was aber nicht bedeutet, daß es bei uns keine wirtschaftlichen Interessengruppen und keine härtesten Auseinandersetzungen zwischen diesen gebe[9]."

Fragen zur Arbeitskontrolle

1. Was versteht der Soziologe unter „Sozialstruktur"?
2. Nach welchen generellen Differenzierungsmerkmalen läßt sich die soziale Schichtung der Bevölkerung bestimmen?
3. Was ist eine Kaste?
4. Unter welchen Bedingungen entsteht eine Kastengesellschaft?
5. Was ist ein Stand?
6. Unter welchen Bedingungen entsteht eine ständische Gesellschaft?
7. Welche Voraussetzungen müssen für die Entstehung von Klassen erfüllt sein?
8. Welche Typen von Klassenbegriffen unterscheidet Mombert?
9. Worin sieht Karl Marx die Grundlage der Klassenbildung?
10. Was ist eine soziale Schicht?
11. Welches sind die häufigsten Schichtungskriterien?
12. Kann man Statusunterschiede auf gesamtgesellschaftlicher Ebene bestimmen?
13. Was ist Statusinkongruenz?
14. Welche zwei Ansatzpunkte gibt es für Theorien sozialer Schichtung?
15. Welche Merkmale hat das Leitbild der „antagonistischen Klassengesellschaft"?
16. Welche Merkmale hat das Leitbild der „nivellierten Mittelstandsgesellschaft"?
17. Wodurch wird die Schichtungsstruktur hochindustrialisierter Gesellschaften gekennzeichnet? (vier Hauptmerkmale)

[9] K. M. Bolte u. a.: Deutsche Gesellschaft im Wandel. Opladen 1966, S. 314.

2. Soziale Mobilität

Unter *sozialer Mobilität* wird ganz allgemein die Standort- bzw. Positionsveränderung von Personen, Gruppen oder Kollektiven verstanden. Die Klassifikation der sozialen Mobilität läßt sich nach verschiedenen Gesichtspunkten vornehmen, so z. B. im Hinblick auf Interaktionszusammenhänge (Positionsveränderungen im Berufsleben, im Familienstatus, im Freizeitbereich). Daneben läßt sich Mobilität auch unter einem Bewertungsgesichtspunkt als vertikale Mobilität klassifizieren. Hierbei wird geprüft, ob der Standortwechsel eine Verbesserung oder Verschlechterung der relativen Soziallage brachte. Außerdem kann die Mobilität auch noch unter räumlichen Aspekten betrachtet werden (Wohnortwechsel u. a..). Standortveränderungen, mit denen weder ein Aufstieg noch ein Abstieg verbunden ist, werden auch als horizontale Mobilität bezeichnet. Schließlich gibt es noch den zeitlichen Gesichtspunkt, nämlich die Frage nach der Dauer eines Mobilitätsvorgangs. Hierbei wird danach unterschieden, ob die Mobilität während eines individuellen Lebens stattgefunden hat (Intragenerationsmobilität) oder ob die Mobilität zwischen zwei und mehr Generationen sichtbar wird, beispielsweise beim Vergleich der Positionen von Vater und Sohn (Intergenerationsmobilität). Demnach gibt es relativ viele Möglichkeiten, die soziale Mobilität zu klassifizieren. Jedoch ist in der Realität die eindeutige Zuordnung eines Mobilitätsvorgangs zu einem bestimmten Klassifikationsschema oft nicht möglich. Deshalb erfolgt die klassifikatorische Differenzierung oft nur zum Zwecke der Verdeutlichung von Grundtendenzen.

2.1. Horizontale Mobilität

Die Erklärung der *horizontalen Mobilität* läßt sich auf zwei Ansatzpunkte zurückführen. Der eine kommt von der Demographie her und behandelt die Analyse der Bevölkerungsverteilung, von der aus man zu einer Typologie empirischer Regelmäßigkeiten gelangt. Der zweite Ansatz ist sozialpsychologischer Natur und behandelt die Migrationsursachen und Migrationsfolgen. Aus diesen beiden historischen Ansatzpunkten haben sich zwei Richtungen entwickelt. Eine Gruppe von Soziologen möchte die geographische Verteilung der Bevölkerung sowie die Prozesse erklären, die hierzu führen. Diese Überlegungen gehen zum Teil auf Veröffentlichungen zurück, die bereits Ende des vorigen Jahrhunderts E. G. Ravenstein vorgelegt hat und in denen er zwischen Binnen- und Außenwanderung, Nah- und Fernwanderungen sowie Dauer- und Temporärwanderungen unterscheidet. Aus dem sozialpsychologischen Ansatz haben sich die bekannten „Push-Pull-Theorien" entwickelt, deren Grundaussagen auf der Annahme beruhen, daß es bestimmte mobilitätsauslösende Faktoren gibt: Wenn in einer bestimmten Situation gewisse abstoßende Faktoren vorherrschen, die aufgrund empirischer Forschung exakter zu benennen sind, so wird der Mensch versuchen, aus dieser Situation herauszukommen und sich einer Situation anzunähern, die im wesentlichen durch anziehende Faktoren gekennzeichnet ist. So wird ein Prozeß horizontaler Mobilität ausgelöst.

Besondere Bedeutung bei Wanderungsprozessen zwischen verschiedenen Gebieten hat das Wohlstandsgefälle, wie es sich z. B. in Lohnunterschieden oder unterschiedlichen Beschäftigungsmöglichkeiten zeigt. Hiervon ausgehend hat H. W. Saunders die Theorie aufgestellt, daß aus dem Ungleichgewicht zwischen dem Anspruchsniveau der Bevölkerung eines Gebietes im Hinblick auf die Lebenshaltung und deren tatsächlichem Niveau ein Bevölkerungsdruck resultiert. Er manifestiert sich auch im einzelnen Individuum und drängt auf eine Überwindung des Ungleichgewichts durch Wanderungsbewegungen. Allerdings hängt die Aktualisierung dieses Drucks von bestimmten Randbedingungen ab, wie etwa von der Information über vorhandene Chancen, von der staatlichen Wanderungspolitik und ähnlichem mehr[10].

[10] Vgl. H. W. Saunders: Human Migration and Social Equilibrium. In: Spengler und Duncan (Hrsg.), Population. Theory and Policy. Glencoe/Ill. 1956.

Eine in hochindustrialisierten Gesellschaften besonders wichtige Form der horizontalen Mobilität ist der *Arbeitsplatzwechsel*. Zwar spielen hierbei häufig auch Faktoren des sozialen Auf- und Abstiegs eine Rolle, die Untersuchungen zur Arbeitsmobilität zeigen jedoch deutlich die vielfältigen Bedingungen horizontaler Standortveränderungen. Der soziale Prozeß des Arbeitsplatzwechsels wird durch Verhaltensreaktionen von Arbeitnehmern auf wahrgenommene Veränderungen in ihrer sozialen Umwelt bzw. ihrer persönlichen Situation augesöst. Diese Verhaltensreaktionen sind von der Gesamtheit der individuellen Arbeits- und Lebensbedingungen in dem Maße beeinflußt, in dem sie die jeweiligen persönlichen Orientierungspunkte des Verhaltens berühren. Hierbei sind drei Hauptgruppen zu unterscheiden. An erster Stelle ist die subjektive Einschätzung der Erwerbschancen zu nennen. Hier stehen im Vordergrund die langfristige Sicherheit des Arbeitsplatzes und die damit verbundene langfristige Verdienstentwicklung. Ein zweiter Orientierungspunkt betrifft die soziale Integration des Individuums. Je stärker die Bindung des einzelnen im Rahmen sozialer Beziehungsgefüge ist, desto geringer zeigt sich die Bereitschaft zur Arbeitsmobilität. Umgekehrt führt mangelnde Integration zu einer auf den Arbeitsplatz oder die jeweiligen Lebensbedingungen bezogenen Unzufriedenheit, die eine Lösung des Arbeitsverhältnisses erleichtert. Einen dritten Orientierungspunkt für etwaige Mobilitätsentscheidungen schließlich bilden die individuellen Entfaltungsmöglichkeiten. Sie müssen nicht allein die Arbeit betreffen und den durch sie gegebenen Grad der persönlichen Entfaltung, sondern sie können sich auch auf den Freizeitbereich beziehen, etwa die in einer bestimmten Umwelt gegebenen Möglichkeiten zur Unterhaltung, Fortbildung und kulturellen Anregung. Der Entschluß zum Arbeitsplatzwechsel wird anhand der genannten Orientierungspunkte erleichtert, wenn dadurch die Sicherung und Erweiterung der Lebenschancen sowie die Verwirklichung eines angestrebten Lebensstils ermöglicht werden. Ein zusätzlicher

Faktor ist die subjektive Mobilitätsbereitschaft, die als eine sozialpsychische Disposition aufzufassen ist. Sie hängt zunächst mit einer gewissen Unzufriedenheit mit der gegebenen persönlichen Situation zusammen. Arbeitsplatzmobilität tritt aber auch ohne eine derartige Unzufriedenheit auf. Diese wird dann durch eine zweite Voraussetzung kompensiert: die Chancenkenntnis im Hinblick auf mögliche Veränderungen. Der dritte Faktor ist die Risikobereitschaft, die um so größer sein muß, je mehr der Betreffende aufs Spiel setzt, z. B. den Besitz eines Hauses oder einer Eigentumswohnung, den erreichten sozialen Status im Betrieb, eine bestimmte Berufsqualifikation oder bestimmte Senioritätsrechte. Schließlich muß als vierter Faktor für eine Mobilitätsbereitschaft auch eine große persönliche Anpassungsfähigkeit gegeben sein, die sehr stark von der bisherigen Sozialerfahrung des Individuums abhängt, aber in der Regel mit wachsendem Lebensalter deutlich nachläßt[11].

Abgesehen von politischen Katastrophen (Flüchtlingsproblem) dürfte eine ganz wesentliche Ursache für horizontale soziale Mobilität die Chancenungleichheit in der Gesellschaft sein oder, wie H. J. Hoffmann-Nowotny formuliert, das Prestige- bzw. Machtdefizit bestimmter Einheiten der Gesellschaft[12]. Es ist anzunehmen, daß die Mehrzahl der Personen, die einen Wechsel ihres Wohnorts oder ihres Arbeitsplatzes vornehmen, dies tut, um einer Verschlechterung ihrer relativen Soziallage zu entgehen oder die Chancen einer Verbesserung wahrzunehmen. Damit ergibt sich ein enger Bezug zwischen Prozessen der horizontalen und der vertikalen Mobilität. Wenn ein Mensch aus einem wirtschaftlich unterentwickelten Landesteil in ein Industriegebiet übersiedelt, so ist damit nicht nur ein Wohnortwechsel, sondern auch eine Positionsverschiebung im Sinne eines sozialen Aufstiegs verbunden, da sich mit großer Wahrscheinlichkeit seine Lebensverhältnisse verbessern werden.

---

[11] Vgl. F. Fürstenberg: Die Mobilität der Arbeitskraft als Wachstumsfaktor. In: Schmollers Jb. 87 (1967).

[12] Vgl. H. J. Hoffmann-Nowotny: Migration. Stuttgart 1970.

2.2. Sozialer Auf- und Abstieg

Vertikale soziale Mobilität kann als sozialer Aufstieg oder als Abstieg auftreten. Unter einem sozialen Aufstieg soll jede relative Verbesserung der Soziallage verstanden werden, wobei „relative Verbesserung" bedeutet, daß ein Individuum im Vergleich zu anderen, die auf dem bisherigen Niveau stehengeblieben sind, eine relativ bessere Situation erreicht. Diese Feststellung ist jedoch zur Kennzeichnung eines sozialen Aufstiegs noch unzureichend, da man hierbei leicht Ursache und Wirkung verwechseln kann. Wenn beispielsweise ein Individuum in der Lage ist, aus einer Etagenwohnung in einen Bungalow zu ziehen, so drückt sich darin offensichtlich eine Verbesserung seiner Lebensverhältnisse aus. Jedoch ist zu fragen, was die eigentlichen Ursachen dieses Vorgangs sind. Die strukturbestimmenden Faktoren eines sozialen Aufstiegs sind in der Regel darin zu suchen, daß ein Individuum im Vergleich zu anderen etwas leistet bzw. besitzt, wodurch es von der Gesellschaft höher bewertet wird als bestimmte andere Individuen. So hängt z. B. der soziale Aufstieg in der Arbeitswelt meist damit zusammen, daß man eine höherwertige Funktion ausübt, z. B. vom Vorarbeiter zum Meister befördert wird. Die höherbewertete Funktion beinhaltet eine Ausdehnung und Anreicherung der Tätigkeit mit neuen Funktionen, wodurch zweifellos auch der Dispositionsspielraum eines Individuums wächst. Man könnte diesen Zuwachs an Dispositionsbefugnis auch als Machtzuwachs bezeichnen. Dieses Aufstiegsmerkmal der Übernahme jeweils höherwertiger Funktionen läßt sich besonders deutlich in hierarchisch geordneten sozialen Zweckgebilden, z. B. in einem Ministerium oder in eine Industriebetrieb feststellen. Bei jedem Aufstieg in eine höher bewertete Funktion wird der Verfügungsspielraum größer. Das Individuum kann dann sowohl das eigene Verhalten relativ freier nach eigenem Gutdünken gestalten als auch das Verhalten anderer in wesentlich größerem Umfang kontrollieren. Damit läßt sich vertikale

Mobilität letztlich auf Veränderungen in den Machtpotentialen zurückführen, und zwar sowohl hinsichtlich der Fähigkeit zur Akkumulation von Macht als auch hinsichtlich der Aktivierung von Macht im Interaktionszusammenhang.

Die Veränderungen in den Machtpotentialen können in verschiedenen Formen vor sich gehen, die jeweils von dem Interaktionszusammenhang abhängen, in dem der Aufstieg erfolgt. Es ist auch nicht unbedingt erforderlich, daß ein Individuum stets selbst in eine höhere Machtposition aufrückt, um seinen Dispositionsspielraum zu erweitern. Es kann an einem Machtzuwachs auch dadurch teilhaben, daß es zum Klientel eines Mächtigen gehört oder z. B. in einem Unternehmen tätig ist, das in eine entscheidende marktbeherrschende Position hineinwächst.

Im allgemeinen setzten sich die Menschen stärker mit den Aufstiegsfolgen als mit den Aufstiegsursachen auseinander. Derartige Aufstiegsfolgen sind im allgemeinen die an gewissen Statussymbolen erkennbaren Verbesserungen des Lebensstandards, die ein Individuum von anderen abheben, z. B. ein besonders elegant eingerichtetes Büro, ein teures Auto oder eine Luxusvilla. Dadurch ergibt sich auch die Möglichkeit, Aufstieg vorzutäuschen bzw. die Ansprüche von Personen durch Aufstiegssurrogate zu befriedigen. Die Manipulation mit Aufstiegssurrogaten ist besonders in jenen Fällen häufig, in denen die Machtträger zwar unter sich bleiben, aber dennoch die Zustimmung anderer nicht verlieren wollen.

Zusammenfassend läßt sich feststellen, daß die vertikale Mobilität stets mit Veränderungen in den Machtpotentialen zusammenhängt. Einschränkend ist aber zu bemerken, daß es sich in den seltensten Fällen um gesellschaftlich zentrale Machtbereiche handelt, daß also meist nur der Spielraum im Rahmen bestimmter Funktionen eine Erweiterung bzw. Einengung erfährt. Solche Vorgänge gehen oft für die außenstehenden Personen fast unmerklich vor sich, sind für den Betroffenen selbst aber mit großer Deutlichkeit wahrnehmbar. Da der soziale Aufstieg bzw. Abstieg nur dann objektiv feststellbar ist, wenn entsprechende Bewertungskriterien der Soziallage vorhanden sind, läßt sich vertikale Mobilität kaum exakt gesamtgesellschaftlich messen, sondern stets nur in bezug auf abgegrenzte, mehr oder weniger institutionalisierte Interaktionszusammenhänge. Es wäre also falsch, von einem globalen Aufstieg in der Gesellschaft zu sprechen. Der Aufstieg findet immer in einem ganz bestimmten Sektor der Gesellschaft, z. B. in einer Behörde, in einem Unternehmen oder in einem Verband statt. Auch die Aufstiegswege sind unterschiedlich, was wiederum von der Struktur des Aufstiegssektors abhängt. So gibt es beispielsweise bei den Behörden Aufstiegswege, die sich als genau vorgezeichnete und gesetzlich fixierte Laufbahnen darstellen und sich in verschiedene aufeinanderfolgende Stadien untergliedern lassen. Demgegenüber sind die Karrieren in der freien Wirtschaft oft dadurch gekennzeichnet, daß man den Betrieb mehrmals wechselt und dadurch in eine stets höherrangige Berufsposition aufzusteigen vermag. Es sind aber auch Karrieren möglich, die mit einem Wechsel zwischen den Aufstiegssektoren verbunden sind, z. B. der Wechsel von einer öffentlichen Behörde in ein Unternehmen der Privatwirtschaft. Eine sehr interessante Möglichkeit des irregulären Aufstiegs ist dort gegeben, wo ein Individuum in der Lage ist, seinen Aufstiegssektor und seinen Aufstiegsweg selbst zu bestimmen, wie das z. B. beim Wiederaufbau der Wirtschaft nach Kriegsende 1945 der Fall war.

Die Faktoren, die die Aufstiegschancen einer Person oder einer sozialen Gruppe beeinflussen, beziehen sich entweder auf Personen, auf den Aufstiegssektor oder auf gesamtgesellschaftlich wirksame Tatsachen. Personenbezogene Faktoren wirken auf die Aufstiegsmotivation, wie beispielsweise das Ursprungsmilieu eines Individuums, die Zielvorstellungen der Eltern bezüglich der Schulleistungen ihrer Kinder, das Ausbildungsniveau eines Individuums und seine Bezugsgruppen, wie sie etwa durch die Zugehörigkeit zu einer bestimmten studenti-

schen Verbindung, zu einem Verein oder einer politischen
Partei vermittelt werden.

Als Beeinflussungsfaktor spielt auch die Sozialstruktur des
betreffenden Aufstiegssektors eine wesentliche Rolle. Die Aufstiegschancen sind unterschiedlich je nachdem, ob es sich um
eine lockere Struktur mit vielen selbständigen Schlüsselpositionen (etwa die Berufsgruppe der Ärzte) oder um ein streng
hierarchisch geschichtetes Sozialgebilde mit wenig Entschei-
dungsstellen (etwa ein Ministerium) handelt. Auch kommt dem
Stabilitätsgrad der Sozialstruktur eine mitentscheidende Bedeutung zu. Ist dieser sehr hoch, so ist auch die Zahl der verfügbaren Aufstiegspositionen relativ konstant. Sie kann anhand
des Durchschnittsalters der jeweiligen Inhaber, der voraussicht-
lichen Dauer ihrer Tätigkeit und der Rate der Fluktuation in
andere Positionen und Bereiche jederzeit errechnet werden. Ist
der Stabilitätsgrad hingegen relativ gering, so handelt es sich
um einen Aufstiegssektor mit großer sozialer Dynamik, bei
dem zwar die Chancen für einen Aufstieg groß sind, aber auch
die Risiken, eine einmal erreichte Position wieder zu verlieren.
Als weitere Faktoren kommen auch noch die Größe des Aufstiegssektors sowie seine gesamtgesellschaftliche Bedeutung in
Betracht.

Bei den gesamtgesellschaftlich wirksamen Beeinflussungsfaktoren spielen demographische Entwicklungen eine entscheidende Rolle. So kann beispielsweise die Zahl der für den Aufstieg freiwerdenden Positionen vom generativen Verhalten der
jeweiligen Bevölkerungsgruppe und dem Ausmaß der Positionsvererbung abhängen. Selbst bei strikter Positionsvererbung,
etwa in einer geschlossenen Elite, kann also ein Aufstieg statt-
finden, wenn die bisherigen Positionsinhaber ohne genügend
Nachkommen bleiben, um die betreffende Ranggruppe zu re-
produzieren. Dieser Vorgang wurde im vorigen Jahrhundert
besonders im Hinblick auf die Rekrutierung des Adels untersucht. Daneben gibt es auch den Einfluß des gesellschaftlichen
Prozesses der Arbeitsteilung und der Rationalisierung. Hier sind

die bekannten Thesen von C. Clark und J. Fourastié zu nennen, in denen davon ausgegangen wird, daß der langfristige wirtschaftliche Wachstumsprozeß eine allmähliche Umschichtung der Arbeitnehmerschaft vom Primärsektor (Landwirtschaft) zum Sekundärsektor (Industrie, Bau, Gewerbe) und schließlich zum Tertiärsektor (Dienstleistungen) mit sich bringt. Die Arbeitskräfte wandern sukzessive jeweils in den Sektor ab, in dem die gegebene Nachfrage nur durch vermehrten Arbeitseinsatz befriedigt werden kann, der technische Fortschritt also mit der vorhandenen Nachfrage bzw. ihrer Steigerung nicht Schritt gehalten hat. Dies trifft besonders auf den Dienstleistungssektor zu. Damit läßt sich auch erklären, daß der relative Anteil der Angestelltenpositionen gegenüber dem Anteil der Arbeiterpositionen wächst. Darüber hinaus hat der fortschreitende Rationalisierungsprozeß eine sehr starke Spezialisierung der Funktionen mit sich gebracht, so daß heute dem Anforderungsmerkmal „Fachlichkeit", d. h. einer entsprechenden Fachausbildung, eine sehr große Bedeutung zukommt. Die gesellschaftlichen Bildungsinstitutionen kanalisieren darüber hinaus die Aufstiegsprozesse, indem sie die Zulassung zu bestimmten Aufstiegswegen durch Prüfungen kontrollieren.

Abschließend soll noch auf das Problem der Aufstiegsfolgen hingewiesen werden, die sich für das Individualverhalten, für das Rollengefüge im Interaktionszusammenhang sowie auch für die gesamte Sozialstruktur differenzieren lassen. Jeder soziale Aufstieg beinhaltet für das betroffene Individuum die Möglichkeit einer Statusdiskrepanz. Sein Status wird nicht automatisch in den Bereichen außerhalb seines derzeitigen Aufstiegssektors entsprechend angehoben. Dadurch können kognitive Dissonanzen (Widersprüche im Selbstbewußtsein) entstehen, die wiederum zu Verhaltensänderungen führen.

Die Rollenstruktur im Aufstiegssektor kann in folgender Weise beeinflußt werden:

(1) Der Aufstieg führt nur zu einem personellen Positions-

wechsel, wobei das relative Gewicht der betroffenen Positionen gleichbleibt;

(2) der Aufstieg führt zu einer Machtvermehrung der Aufstiegspositionen;

(3) durch den Aufstiegsprozeß wird eine völlig neue Position geschaffen;

(4) der Aufstieg ist mit einer Machtverminderung der Aufstiegspositionen verbunden;

Es ist also durchaus nicht selten, daß durch Aufstiegsprozesse auch Neubewertungen von Positionen ausgelöst werden.

Gesamtgesellschaftlich ist es bedeutsam, ob ein Wandel der Auslesekriterien bei Aufstiegsprozessen eintritt, der dann auch zu einem Strukturwandel der Führungsschichten in bestimmten gesellschaftlichen Bereichen führt. In den modernen Gesellschaften sind die Führungsschichten immer häufiger Aufstiegseliten und nicht mehr allein Herkunftseliten, worin sich sehr deutlich ein Wandel der Auslesekriterien gegenüber einer vorindustriellen Sozialstruktur manifestiert.

Fragen zur Arbeitskontrolle

1. Was ist soziale Mobilität und welche Arten werden in der Soziologie unterschieden?
2. Welche Erklärungsansätze gibt es bezüglich der horizontalen Mobilität?
3. Welche Orientierungspunkte sind beim Arbeitsplatzwechsel bedeutsam?
4. Wodurch wird der Entschluß zum Arbeitsplatzwechsel erleichtert?
5. Wann kann man eine soziale Standortveränderung als Aufstieg kennzeichnen?
6. Welche persongebundenen Hauptfaktoren bestimmen die subjektiven Aufstiegschancen?
7. Wie wirkt die Sozialstruktur auf die Aufstiegschancen ein?
8. In welcher Weise wirken gesellschaftliche Prozesse der

Arbeitsteilung und Rationalisierung auf die Aufstiegschancen?

9. Wann werden durch Aufstiegsprozesse kognitive Dissonanzen ausgelöst?

10. Wie kann der Aufstiegsprozeß die Rollenstruktur des Aufstiegssektors beeinflussen?

11. In welcher Weise wurde die Struktur gesellschaftlicher
Führungsschichten durch den Wandel der Auslesekriterien
verändert?

3. Macht und Herrschaft

Die konkrete Sozialstruktur einer gegebenen Gesellschaft
muß auch unter dem Gesichtspunkt gegensätzlicher oder
gleichgerichteter Interessen betrachtet werden, deren Träger um
den Einfluß auf die Gestaltung sozialer Zusammenhänge konkurrieren. Daraus ergeben sich je nach der Stärke und Dauer
der Beeinflussung labile oder stabile Abhängigkeitsverhältnisse.
Ihre Grundlage sind unterschiedliche Machtpotentiale.

3.1. Formen sozialer Macht

Im landläufigen Sprachgebrauch wird Macht in der Regel
als Durchsetzungsvermögen von Personen oder sozialen Gruppen aufgefaßt. Auch in der wissenschaftlichen Literatur hat sich
im Anschluß an Max Webers berühmte Definition diese Perspektive eingebürgert, die Macht als Chance betrachtet, innerhalb einer sozialen Beziehung seinen eigenen Willen gegenüber
anderen auch bei deren Widerstreben durchzusetzen[13]. Diese
Sichtweise ist jedoch zu eng und vor allem nicht geeignet, viel-
fältig differenzierte Machtstrukturen in organisierten Sozialzusammenhängen zu erfassen. Wir wollen demgegenüber davon
ausgehen, daß soziale Macht zwar als Beeinflussung des Ver-
haltensspielraums von Handlungsträgern erscheint. Sie akzen-
tuiert sich aber in unterschiedlichen Formen, je nachdem, ob sie

---

[13] Vgl. Max Weber: Wirtschaft und Gesellschaft. Tübingen 1947, I. Halbbd.,
Kap. I, § 16, S. 28.

in sogenannten Primärbeziehungen auftritt, wie sie im persönlichen Kontakt gegeben sind, ob sie im Rahmen einer Großorganisation besteht oder ob sie schließlich gesamtgesellschaftliche Reichweite hat.

Macht als Phänomen in sozialen Primärbeziehungen hat in der Tat stets den Charakter des Durchsetzungsvermögens gegenüber dem jeweiligen Partner. Sie wird deshalb auch unmittelbar als Erweiterung oder als Einschränkung, ja sogar Gefährdung des persönlichen Handlungsraumes empfunden. Da die meisten Menschen in ihrer Alltagserfahrung mit dieser Art von Macht konfrontiert werden, ist ihr Denken auch in erster Linie daran orientiert.

Demgegenüber hat Macht in großen Organisationsstrukturen einen anderen Aspekt, auf den insbesondere Niklas Luhmann hingewiesen hat[14]. Es handelt sich hier in erster Linie um die strategische Festlegung von Handlungsabläufen, die ihrerseits Art und Ausmaß der Alternativen der Interaktionspartner mitbestimmt. Diese versuchen, durch strategisches Verhalten und entsprechende Argumentation bestimmte Alternativen oder Kombinationen von Alternativen allmählich in den Vordergrund zu rücken, so daß schließlich die erzielte Lösung als sachlogische Entscheidung angesichts der gegebenen Situation interpretiert werden kann. In gewissem Sinne prädeterminiert also Macht in organisierten Sozialzusammenhängen Richtung und Reichweite der Sachlösungen. Sie wirkt systembegründend und systemmodifizierend.

Macht im Sinne der Setzung und Sanktion gesamtgesellschaftlich verbindlicher Normen schließlich stellt sich noch weniger als unmittelbarer Zwang dar. Sie erscheint als Rahmenordnung und wird in der Regel als Datum akzeptiert. Das darf nicht darüber hinwegtäuschen, daß fallweise selbstverständlich bei der Interpretation und Anwendung der jeweiligen Norm die Machtkonstellation bedeutsam wird.

---

[14] N. Luhmann: Soziologie des politischen Systems. In: Köln. Zeitschr. für Soziologie und Sozialpsychologie 20 (1968), S. 715 f.

Wir können also davon ausgehen, daß es unterschiedliche Machtformen gibt, je nach der Reichweite der vorhandenen sozialen Macht. Dementsprechend gibt es aber auch unterschiedliche Orientierungshorizonte bei den Beteiligten. Sozialer Zwang stellt sich ganz anders dar, je nachdem, ob er auf der Ebene der Kleingruppe, auf der Ebene der Großorganisation oder im gesamtgesellschaftlichen Bezug erscheint. Hierin besteht auch die Chance, Macht zu verdecken und zu manipulieren. Viele Menschen sind unmittelbar machtempfindlich nur dann, wenn sie direkt die Durchsetzungsansprüche anderer Menschen verspüren. So richtet sich ihre Abwehr auch vor allem gegen „autoritäre" Persönlichkeiten. Die differenzierten Formen des Machtgebrauchs werden häufig gar nicht oder erst verspätet bewußt, selbst dann, wenn die unmittelbare Interessenlage davon berührt wird. Ein Beispiel bieten die industriellen Arbeitsbeziehungen: Wenn wir z. B. die Entstehungsgründe von wilden Streiks untersuchen, stellen wir immer wieder fest, daß sie Reaktionen auf Verhaltensweisen sind, die als persönlicher Machtmißbrauch interpretiert werden können, sei es seitens des Zeitnehmers, des Werkmeisters oder eines anderen Vorgesetzten[15]. Selbst bei großen offiziellen Streikoperationen wird die Militanz meist erst durch Zurschaustellung persongebundener Macht geweckt. Grundlegende Verschiebungen des Machtgleichgewichts, wie sie als Folge längerfristiger Tarifabkommen durchaus zu beobachten sind, finden häufig überhaupt kein Echo in breiteren Arbeitnehmerkreisen, z. T. auch deshalb, weil sie sich nicht so sehr in „materiellen Errungenschaften", sondern im Wandel der Verfahrensregeln und -inhalte manifestieren.

3.2. Herrschaftsordnungen

Da Macht stets zur willkürlichen Ausübung, also zur Entartung in Gewalt tendiert, ist zu ihrer Stabilisierung in

---

[15] Ein Beispiel für die Analyse konkreter Machtstrukturen bietet F. Fürstenberg: Die Machtstruktur der industriellen Arbeitsbeziehungen. In: Zeitschrift f. d. gesamte Staatswissenschaft 126 (1970).

sozialen Zusammenhängen eine Umwandlung erforderlich. In einem Institutionalisierungsprozeß wird die Macht eingegrenzt, und Art sowie Ausmaß ihrer Ausübung werden kontrollierbar gemacht. Dies geschieht durch Bindung der Macht an sanktionierte Normen. Derartig legitimierte Macht stellt sich als *Herrschaft* bzw. Herrschaftsordnung dar. In Max Webers Definition: „Herrschaft soll heißen die Chance, für einen Befehl bestimmten Inhalts bei angebbaren Personen Gehorsam zu finden[16]", kommt deutlich zum Ausdruck, daß Herrschaftsverhältnisse die Anerkennung von Normen der Herrschaftsausübung seitens aller Beteiligten voraussetzen. Die Basis des Gehorsams ist die Legitimität des Befehls. Die Formen der Legitimation von Macht und damit die Grundlagen möglicher Herrschaftsordnungen können sehr unterschiedlich sein. Die soziologische Forschung auf diesem Gebiet ist nachhaltig von Max Webers berühmter Unterscheidung in drei reine Typen legitimer Herrschaft beeinflußt worden:

(1) Legale Herrschaft, die auf dem Glauben an die Legalität gesetzter Ordnungen und des Anweisungsrechts der durch sie zur Ausübung der Herrschaft Berufenen ruht;

(2) traditionale Herrschaft, die auf dem Alltagsglauben an die Heiligkeit von jeher geltender Traditionen und die Legitimität der durch sie zur Autorität Berufenen ruht;

(3) charismatische Herrschaft, die auf der außeralltäglichen Hingabe an die Heiligkeit oder die Heldenkraft oder die Vorbildlichkeit einer Person und der durch sie offenbarten oder geschaffenen Ordnungen ruht[17].

Legitimität beruht auf einem Akt der Anerkennung. Ob es sich um gesatzte Ordnungen, um geltende Traditionen oder das Vorbild einer Person handelt, stets ist eine Glaubens- bzw. Überzeugungsgrundlage vorhanden. Wird sie zerstört, deformiert sich Herrschaft zur Macht oder Gewalt.

[16] M. Weber: Wirtschaft und Gesellschaft. I. Halbbd., 3. Aufl., Tübingen 1947, S. 28.

[17] Vgl. M. Weber: a. a. O., I. Halbbd., S. 124.

Für moderne Gesellschaften besonders bedeutsam ist bürokratische Herrschaft, die von Max Weber in seiner Herrschafts-
soziologie eingehend untersucht worden ist. Sie ist eine besonders ausgeprägte Form des legalen Herrschaftstyps. Als Hauptmerkmale gelten nach Max Weber:

(1) das Prinzip der festen, durch Regeln generell geordneten
    behördlichen Kompetenzen (amtliche Pflichten, Befehls-
    gewalten und Amtsqualifikation);

(2) das Prinzip der Amtshierarchie und des Instanzenzuges,
    d. h. ein fest geordnetes System von Über- und Unterord-
    nung der Behörden unter Beaufsichtigung der Unteren
    durch die Oberen;

(3) die Bindung der Amtsführung an die Schriftform und
    die Aktenverwaltung im Rahmen von Büros;

(4) die eingehende Fachschulung als Grundlage der speziali-
    sierten Amtstätigkeit;

(5) die hauptberufliche Erledigung der Amtsgeschäfte durch
    die Beamten;

(6) die Regelgebundenheit der modernen Amtsführung,
    wobei die Kenntnis dieser Regeln durch besondere
    Kunstlehren vermittelt wird[18].

Der besondere Vorzug der bürokratischen Herrschaft liegt
in ihrer „Berechenbarkeit". Die mit ihrer Hilfe mögliche formale Rationalisierung und Objektivierung der Machtausübung
berührt jedoch nicht die grundsätzliche Problematik ihrer Legitimation. Entfremdungserscheinungen zwischen Herrschenden
und Beherrschten können in allen Herrschaftsordnungen auftreten. An anderer Stelle wird auf das hierdurch entstehende
Problem der autoritären Strukturen näher eingegangen werden.

Ralf Dahrendorf hat darauf hingewiesen, daß Herrschaft ein
universales Sozialphänomen ist, sich also in seinen Grundaspek-
ten in jeder sozialen Beziehung nachweisen läßt. Dementsprechend sind Herrschaftsordnungen in der Gesellschaft überall

18 Ebd., II. Halbbd., S. 650 f.

dort festzustellen, wo sich stabile Interaktionszusammenhänge
herausgebildet haben. Allerdings ist es zweckmäßig, als Herrschaftsordnung im engeren Sinne nur solche Bereiche legitimierter Machtausübung zu bezeichnen, in denen politisch wirksame Interessen zur Geltung kommen. Hierzu gehören praktisch alle Sozialbereiche, in denen soziales Handeln ganz oder
teilweise institutionalisiert worden ist.

Zentrum und Bezugspunkt gesellschaftlicher Herrschaftsordnungen ist der *Staat*. Aus soziologischer Sicht erscheint er als
ein nicht der Gesellschaft gegenübergestelltes, sondern in sie
eingebettetes Phänomen, das nicht als ein überzeitliches Idealgebilde, sondern als realer Wirkungszusammenhang zu erfassen
ist. Der Staat als soziale Realität ist sich nicht selbst genug,
sondern nur in engstem Bezug auf die Gesamtheit des politischen und gesellschaftlichen Lebens zu analysieren. Hierbei
treten verschiedene Grundpositionen auf. Wer den Staat als
reines Machtphänomen sieht (H. v. Treitschke), wird Schwierigkeiten haben, den Unterschied etwa zu einer Räuberbande herauszuarbeiten. Wer ihn mit der Rechtsordnung gleichsetzt
(H. Kelsen), wird die mannigfachen politischen Vorgänge des
Interessenausgleichs innerhalb des Staates nicht erklären können. Fest steht, daß ein Staat ohne Macht und Herrschaft nicht
denkbar ist. Er verwirklicht sich als Herrschaftsverband. Zur
Aufrechterhaltung der Legitimität müssen als Mindestleistung
den Betroffenen Schutz und Ordnung garantiert werden. Hierzu
ist eine Rechtsordnung erforderlich, für deren Durchsetzung
der Staat über entsprechende Organe verfügen muß. Mittelpunkt der Staatsaktivität bleibt aber der von der jeweiligen
geschichtlichen Situation geprägte politische Wille der Staatsbürger. In diesem Sinne definiert O. Stammer den Staat als „das
als Herrschaftsverband organisierte Aktionszentrum einer je
geschichtlich bestimmten Ordnung ..., dargestellt durch ein
jeweils spezifisch organisiertes System mittels einer Regelordnung aufeinander abgestimmter Institutionen, Gewalten und

Organe[19]." Es ist offensichtlich, daß ein derartiges Organisationszentrum erst erforderlich wird, wenn das Bedürfnis nach „territorialer Solidarität" (H. Heller) besteht, wenn also aneinander grenzende politische Gewalten miteinander in intensiven und ständigen Kontakt geraten und wenn eine soziale Differenzierung vorhanden ist, die zur Herausbildung von Über- und Unterordnungsverhältnissen führt.

Der moderne Staat ist das Ergebnis einer langen geschichtlichen Entwicklung, in deren Verlauf die im Mittelalter auf die verschiedensten Träger aufgeteilten Hoheitsrechte zentralisiert wurden: „Durch die Konzentration der militärischen, bürokratischen und ökonomischen Herrschaftsmittel zu einer politischen Leistungseinheit... entsteht jener relativ statische Machtmonismus, der den neuzeitlichen Staat vom mittelalterlichen Land charakteristisch unterscheidet[20]." Die ersten Anfänge derartig straff organisierter Machteinheiten sind bereits im 11. Jahrhundert in England und in der ersten Hälfte des 13. Jahrhunderts im Stauferstaat Friedrichs II. auf Sizilien zu beobachten. Ihre eigentliche Ausprägung erhielten sie jedoch in den oberitalienischen Stadtrepubliken der Renaissance, bei deren Beschreibung Machiavelli den Begriff „lo stato" verwendete, der sich in der Folgezeit allgemein durchsetzte. Mit Hilfe eines stehenden Söldnerheeres und einer wirtschaftlich abhängigen Bürokratie gelang es allmählich, lokale Gewalten in übergeordnete Territorialverbände dauerhaft kontrollierbar einzuordnen. Hierzu trug neben der Schaffung einer durch Rezeption des römischen Rechts ermöglichten rationalen Rechtsordnung vor allem die Entwicklung eines auf rationaler Geldwirtschaft beruhenden Finanzwesens bei. Der notwendige Ausbau der Finanzverwaltung zum Zwecke der Entlohnung der Staatsbediensteten führte zur planmäßigen Entwicklung der Wirtschaftskräfte im Merkantilismus, wodurch zugleich

---

[19] O. Stammer: Gesellschaft und Politik. In: W. Ziegenfuß (Hrsg.), Handbuch der Soziologie. Stuttgart 1956, S. 565.
[20] H. Heller: Staatslehre. 3. Aufl. Leiden 1963, S. 129.

auch die fortschreitende Differenzierung der Gesellschaft und
die Verselbständigung sozialer Gruppen beschleunigt wurden.
Diese Wandlung der Sozialstruktur im Verlauf der Entstehung
und Fortentwicklung kapitalistischer Wirtschaftsformen bedingte einen Verfall des den absolutistischen Adel, die Kirche
und das Bürgertum autoritär beherrschenden Staates und seine
Ersetzung durch Staatsformen, in denen die Wirksamkeit des
Staates zunächst streng vom Freiheitsraum der Gesellschaft
getrennt war. Ihre Rechtfertigung erhielten sie nicht mehr durch
ein Gottesgnadentum, sondern durch die Idee einer natur-
rechtlich begründeten Volkssouveränität. Die im 19. Jahrhundert offenkundig werdende Aufspaltung der Gesellschaft in
antagonistische Klassen führte zu teils evolutionären teils revolutionären Umwälzungen, in deren Verlauf sich zwar die Staats-
autorität durch Übernahme umfassender sozialer Funktionen
(Wohlfahrtsstaat) und die integrierende Wirkung säkularer
Ideologien (Nationalismus) behaupten konnte, andererseits
jedoch der soziale Interessenpluralismus auf die Staatsstruktur
selbst übergriff. Hier liegt der Ansatzpunkt für die Staatstheorie
des Marxismus, in der der Staat als „die Gesellschaft in Aktion"
(Karl Marx) das politische Machtmittel der herrschenden Klasse
darstellt. Er ist nach erfolgreicher Weltrevolution des Proletariats im Kommunismus zum allmählichen Absterben verurteilt
(W. Lenin). Das Spannungsverhältnis zwischen den verschiedenen sozialen Interessengruppen prägt und bestimmt in der
Gegenwart in allen Staatsformen nicht nur die allgemein politische, sondern auch die speziell staatliche Realität.

Der moderne Staat trägt den Charakter einer Anstalt im
Sinne eines Verbandes mit rational gesatzter Ordnung (Max
Weber). Die Grundnormen dieser Ordnung stellen die Verfassung dar. Ihr Zustandekommen und ihre Verwirklichung sind
Resultanten des den Staat kennzeichnenden politischen Kräfte-
feldes, dessen Pole die Staatsbürgerschaft bzw. ihre Vertretung,
die Staatsleitung und der Staatsapparat sind. In jedem neuzeitlichen Staat finden in diesem Kräftefeld gesetzgebende, richter-

liche und vollziehende Akte statt. Art und Ausmaß der Trennung oder Vereinigung der Gewalt über diese Hoheitsakte kennzeichnen die jeweilige Staatsform (Demokratie, Diktatur und ihre Mischformen). Die Wirksamkeit der Staatsbürger ist durch die staatsbürgerlichen Rechte festgelegt, die im einzelnen den Bereich der Freiheit und Unterworfenheit bezüglich der Staatsakte, die Ansprüche an den Staat und die Teilnahme an der staatlichen Willensbildung, direkt über Wahlen, indirekt durch Beeinflussung der öffentlichen Meinung, regeln. Im modernen Staat sind die Mitwirkungsrechte der einzelnen Staatsbürger in der Regel an staatsrechtlich anerkannte Parteien oder de facto vorhandene Interessenverbände und pressure groups delegiert, was zur Oligarchiebildung, d. h. der Steuerung politischer Willensbildung durch Expertengruppen führt. Hierauf hat insbesondere Robert Michels hingewiesen.

Die Leitung des Staates liegt in den Händen der jeweiligen Regierung, deren Vollmachten sich im Rahmen der Verfassung sowohl auf die Durchsetzung allgemeiner Rechtsnormen als auch auf die Durchführung konkreter Maßnahmen im Sinne der staatspolitischen Zielsetzung erstrecken. Hierzu ist eine umfassende Organisation, der Staatsapparat erforderlich. Seine traditionelle Gliederung in die einzelnen Ressorts (auswärtige Angelegenheiten, Verteidigung, Justiz, Finanzen, Inneres usw.) und die verschiedenen Stufen der Verwaltungsbürokratie (z. B. Bund, Länder, Gemeinden) unterliegt bezüglich der Kompetenzverteilung dem Einfluß des jeweiligen politischen Kräftespiels und der vorherrschenden Staatsauffassung. Sie hat ihre Grundlage in gesamtgesellschaftlich objektivierten Leitbildern (Konservatismus, Liberalismus, Sozialismus, Faschismus, Bolschewismus usw.). Von der Konkurrenz politisch akzentuierter Interessen werden auch Art und Ausmaß der Beziehungen zwischen Regierungsspitze und Ressortvertretern, zwischen Regierung und Parlament bzw. gesellschaftlichen Interessengruppen sowie zwischen den einzelnen Stufen des Staatsaufbaus (Zentralismus oder Föderalismus) ebenso wie der Umfang der Selbstverwaltung sozialer Einheiten betroffen.

Es wäre falsch anzunehmen, daß der interne Souveränitätsanspruch des Staates lediglich durch den Grad der Erzwingbarkeit der von ihm geforderten Leistungen bzw. Verhaltensweisen bestimmt wird. Ebenso wichtig ist das innere Verhältnis der Staatsbürger zum Staat, das je nach dem Niveau der politischen Reife Zwangsmaßnahmen erforderlich oder überflüssig macht. Die Festigkeit eines Staates hängt wesentlich vom Grad seiner sozialen Integration ab, d. h. von dem Maße, in dem er gemeinsamer Bewußtseinsinhalt des Staatsvolkes geworden ist (R. Smend) und in seiner gegenwärtigen Gestalt legitimiert ist. Der externe Souveränitätsanspruch des Staates unterliegt lediglich den Normen und Kriterien des Völkerrechts.

Kein Staat kann seine Bürger auf die Dauer total beanspruchen. Selbst in Notstandsituationen sind totalitäre Maßnahmen umstritten. Die Vielfalt des sozialen Lebens erfordert das Bestehen eigenständiger sozialer Gebilde neben der staatlichen Organisation. Für die Sozialstruktur einer Gesellschaft entscheidend ist der Grad der Inanspruchnahme des Menschen seitens des Staates. Die Geschichte zeigt diesbezüglich typische Spannungsfelder, z. B. im Mittelalter zwischen Feudalherr und Kirche, in der Neuzeit zwischen Staat und Wirtschaft bzw. Interessenverbänden. Staatliche Herrschaftsordnung und Gesellschaftsstruktur sind grundsätzlich aufeinander bezogen. Die auftretenden Spannungen bedürfen als Teil des politischen Prozesses immer wieder der Mitwirkung aller staatstragenden Kräfte. Aus diesem funktionalen Erfordernis leitet sich die Notwendigkeit gesellschaftlicher Demokratisierungsprozesse ab.

3.3. Die Struktur gesellschaftlicher Führungsgruppen

Besonderes Interesse hat in der Soziologie seit jeher die Untersuchung der Inhaber zentraler Macht- und Herrschaftspositionen in der Gesellschaft gefunden. Hierbei war lange Zeit die Vorstellung von einer sozial homogenen Führungsschicht maßgeblich, die als Elite bezeichnet wurde. Dieser

Begriff erweist sich jedoch infolge seiner ideologischen Implikationen als sehr fragwürdig. Hierauf hat Th. W. Adorno treffend
hingewiesen: „Seine Unwahrhaftigkeit besteht darin, daß die
Privilegien bestimmter Gruppen teleologisch für das Resultat
eines wie immer gearteten objektiven Ausleseprozesses ausge-
geben werden, während niemand die Eliten ausgelesen hat als
etwa diese sich selber[21]." Solange Eliten als Führungsgruppen
dargestellt werden, die sich zu ihrer Rechtfertigung auf eine
abstrakt vorausgesetzte „Auslese" beziehen, wird die objektive
Untersuchung ihrer gesellschaftlichen Bedeutung durch Werturteile behindert. In dem Maße, in dem der enge Zusammenhalt der vorindustriellen, an vererbbare Positionen gebundene
Herkunftseliten allmählich durch soziale Mobilität aufgelockert
wurde, konnte sich jedoch eine wertfreiere Analyse des Elite-
problems durchsetzen. So wird gegenwärtig in der soziologischen Forschung überwiegend der Elitebegriff im Sinne der
Funktionselite, d. h. lediglich zur Kennzeichnung einer
bestimmten sozialen Gruppe mit besonderen gesellschaftlichen
Funktionen verwendet. Eliten bzw. gesellschaftliche Führungsgruppen sind dementsprechend nach W. Zapf solche Gruppen,
die Einfluß auf Entscheidungen von gesamtgesellschaftlicher
Tragweite nehmen[22]. Entscheidendes Merkmal ist also die
Schlüsselfunktion in einer gesamtgesellschaftlich bedeutsamen
Herrschaftsstruktur.

In der modernen Gesellschaft gibt es eine Vielzahl derartiger
Schlüsselpositionen, so daß auch die Führungsgruppen eine
pluralistische Struktur haben. Für die Bildung gesellschaftlicher
Führungsgruppen kommen insbesondere folgende Sozialbereiche in Betracht[23]:

(1) Eine Möglichkeit besteht in der Erlangung von bzw.
    Teilhabe an Verfügungsgewalt über die Produktionsfak-

---

[21] Th. W. Adorno: Prismen. Kulturkritik und Gesellschaft (1955). München
1963, S. 29.

[22] Vgl. W. Zapf: Wandlungen der deutschen Elite. München 1965, S. 36.

[23] Vgl. zu den folgenden Ausführungen F. Fürstenberg: Das Aufstiegsproblem in
der modernen Gesellschaft. 2. Aufl. Stuttgart 1970, S. 67 ff.

toren bzw. ihren Einsatz im Rahmen der Wirtschafts-
struktur. Hieraus ergibt sich die Möglichkeit zur Kontrolle von Marktvorgängen und Marktdaten. Auch
wird mit wachsender Größe der Unternehmen deren
interne soziale Kontrolle schon ein eigenständiger Macht-
bereich.

(2) Grundlage für gesellschaftliche Führungsgruppen sind
auch die Führungspositionen in einem Interessenverband
bzw. einer Partei, von denen aus die Beeinflussung der
politischen Willensbildung möglich wird.

(3) Auch die private und öffentliche Bürokratie ist ein wichtiges Zentrum sozialer Macht. Führungspositionen um-
fassen hier die wachsende Kontrolle eines Verwaltungs-
apparats, wodurch hauptsächlich Formen, Umfang, Art
und Weise des Vollzugs von Weisungen und damit verbunden von Sanktionen beeinflußt werden können.

(4) Besondere gesellschaftliche Bedeutung haben auch die
zentralen Machtpositionen innerhalb der Wehrmacht
eines Landes. Bei stabilen innerpolitischen Machtverhält-
nissen und in Friedenszeiten ist deren Einfluß begrenzt.
Ist jedoch die Autorität der politischen Institutionen
gefährdet und erschüttert, können militärische Führungsgruppen entscheidende Bedeutung erlangen (Militaris-
mus).

(5) Wichtige Führungsgruppen entstehen durch die Erlangung eines Meinungsmonopols in der allgemeinen
Öffentlichkeit oder in einem gesellschaftlich wichtigen
Meinungssektor. Wer Nachrichten, Kommentare, Werbung, Unterhaltung usw. kontrolliert, nimmt an der
gesellschaftlichen Herrschaftsausübung ebenfalls teil.

(6) Auch weltanschauliche Verbände, insbesondere die
Kirchen, können gesellschaftlich bedeutsame Führungsgruppen schaffen. Dies ist vor allem dann der Fall, wenn
ihre Lehrmeinung ein allgemein anerkanntes Mittel
sozialer Normsetzung und Verhaltenskontrolle darstellt.

In dem Maße, in dem traditionelle Religiosität allerdings erschüttert bzw. privatisiert wird, verlieren die Kirchen ihre enge Verbindung zum Staatsapparat.

(7) Auch im Bildungs- und Forschungssektor der Gesellschaft entstehen wichtige Führungsgruppen, die an einem kollektiven Wissensmonopol teilhaben. Die Unentbehrlichkeit des Experten führt zu zahlreichen sozialen Einflußmöglichkeiten.

Die soziale Segmentierung von Führungsgruppen in modernen Gesellschaften auf der Grundlage unterschiedlicher Leistungsansprüche in verschiedenen Sozialbereichen hat eine wichtige Auswirkung. Zentrale Entscheidungen von gesamtgesellschaftlicher Tragweite bedürfen immer mehr der Vorbereitung durch „Techniker der Machtausübung", die als Koordinatoren der bürokratischen Apparate und als Initiatoren des Interessenausgleichs fungieren. Ihnen verleiht gerade der Pluralismus der Führungsschichten eine relative Unabhängigkeit. Allerdings bleibt ihre Wirksamkeit als politische Funktionäre doch durch den Umstand begrenzt, daß oft die Hausmacht, d. h. die Verankerung der Macht in einem wichtigen Gesellschaftsbereich fehlt. Auf diese Weise wird es in modernen Gesellschaften relativ problemlos, Führungsteams im Regierungsapparat auszuwechseln, da hierdurch die tatsächlichen Macht- und Herrschaftsstrukturen kaum verändert werden.

Möglicherweise hat dieser Umstand mit dazu beigetragen, den rein funktionalen Aspekt von Führungspositionen im Herrschaftsverband besonders herauszuheben und den Wertaspekt, der nach wie vor vorhanden ist, weniger zu beachten. An anderer Stelle wurde schon auf die Aussage von G. C. Homans hingewiesen, daß der Führer einer Gruppe durch besondere Normkonformität gekennzeichnet wird. In ähnlicher Weise sind die Mitglieder gesamtgesellschaftlich bedeutsamer Führungsgruppen auch Exponenten der Normen- bzw. Wertestruktur des von ihnen repräsentierten Sozialbereichs. Sie legitimieren sich nicht nur durch Funktionstüchtigkeit, sondern

auch durch ihre Fähigkeit, Ordnungen zu schaffen, fortzuent-
wickeln, glaubhaft zu machen und zu repräsentieren. Man kann
deshalb annehmen, daß die besondere „Funktionstüchtigkeit"
der Führungsgruppen in ihrer Fähigkeit zur sozialen Integration
in ihrem jeweiligen Einflußbereich besteht.

Die enge Bindung gesellschaftlicher Führungsgruppen an
Herrschaftsstrukturen zeigt sich auch an dem spezifischen
Legitimierungsproblem, mit dem sie konfrontiert werden. Es
betrifft die Glaubwürdigkeit der Auslesekriterien. Es kommt
darauf an, daß der Ausleseprozeß, der eine Führungsgruppe
konstituiert, glaubhaft mit dem Leitbild dieser Gruppe, d. h.
ihrem öffentlich propagierten Selbstverständnis übereinstimmt
und daß dieses bei den von der Führungspraxis Betroffenen
Zustimmung findet. Da jeder Ausleseprozeß ein Monopol der
Träger von besonders anerkannten Eigenschaften begründet,
bleibt eine ideologische Verklärung dieses Vorgangs stets fragwürdig. Die Glaubwürdigkeit eines Führungsanspruchs hängt
letztlich von dem Ausmaß ab, in dem sich sein Träger mit den
objektivierten Bedürfnissen der von ihm abhängigen Personen
identifiziert und hierüber regelmäßig Rechenschaft ablegt.

3.4. Die Problematik autoritärer Strukturen

Gesellschaftliche Macht- und Herrschaftsstrukturen werden
dem Individuum zumeist auf der mikrosoziologischen Ebene
unmittelbarer Interaktionszusammenhänge, im Rahmen konkreter Autoritätsverhältnisse bewußt. Unter bestimmten gesellschaftlichen Bedingungen können sie zu autoritären Strukturen
entarten, die u. a. zu einer Deformation der sozial-kulturellen
Persönlichkeit führen. Die gesellschaftliche Macht- und Herr-
schaftsproblematik spiegelt sich also für das Individuum in der
Autoritätsproblematik.

Ebenso wie Macht und Herrschaft ist Autorität ein Phänomen, das überall beobachtet werden kann, wo Menschen
zusammenleben. *Autorität* entsteht durch die Zustimmung zur
Machtausübung, die sich auf bestimmte Fähigkeiten des Macht-

trägers gründet. Sie erscheint als „bejahte Abhängigkeit"
(M. Horkheimer). Es ist also nicht die Ausübung von Macht
und Herrschaft schlechthin, die Autorität verleiht, sondern es
ist die Ausübung, die hinter sich einen Rechtfertigungsgrund
weiß, der auch von den Betroffenen akzeptiert wird. So entsteht die wechselseitige Vertrauensgrundlage legitimierter
Unter- und Überordnungsverhältnisse. Derjenige, der dem
Machtträger gehorchen soll, hat das Vertrauen, daß dessen
Anordnungsrecht nicht mißbraucht wird, und derjenige, der
Gehorsam verlangt, hat das Vertrauen, daß ihm auch ohne
ständige Rechtfertigung Folge geleistet wird. Autorität muß
nicht dazu führen, daß dem Menschen etwas gegen seinen
Willen angetan oder seiner Selbstentscheidung grundsätzlich
vorenthalten wird: „Das bloße Faktum der unbedingten Unterordnung ergibt ... kein Kriterium für die Struktur eines Ver-
hältnisses von Autorität[24]."

Autorität ist offensichtlich so häufig in sozialen Beziehungen
anzutreffen, weil dadurch Probleme gelöst werden, die in Entscheidungsprozessen auftreten können. Dann besteht stets die
Möglichkeit, daß verschiedene Gesichtspunkte konkurrieren,
wodurch deren Repräsentanten notwendigerweise in Widerspruch zueinander geraten müssen. Gibt es nun Autorität, werden diese Widersprüche gemindert und begrenzt. Es werden,
wie Ludwig Stein in einer schon alten Abhandlung aus dem
Jahre 1902 über Autorität sagte, die „Kollisionssphären" eingeschränkt[25]. Außerdem wird aber durch die Autorität eine
gewisse Sicherheit geschaffen, daß Macht- und Herrschaftsausübung nicht total sind, sondern daß es, wie der amerikanische
Organisationssoziologe Herbert Simon feststellt, „Grenzen der
Unterwerfungszonen" des Verhaltens gibt[26]. Die Betroffenen
wissen, daß die Gehorsamspflicht auf bestimmte Verhaltensbe-
reiche begrenzt ist.

[24] M. Horkheimer: Autorität und Familie. In: Studien über Autorität und
Familie. Allgemeiner Teil. Paris 1936, S. 55.
[25] Vgl. L. Stein: Autorität, ihr Ursprung, ihre Begründung. In: Schmollers Jahr-
buch 26 (1902).
[26] Vgl. H. Simon: Das Verwaltungshandeln. Stuttgart 1955, S. 9.

Es ist schon seit Jahrzehnten die Rede von der „Krise der Autorität". Auch gegenwärtig wird in gesellschaftspolitischen Diskussionen das Argument verwendet, daß die autoritären Strukturen der Gesellschaft nicht tragfähig, ja sogar einer Weiterentwicklung hinderlich seien und daß sie deshalb beseitigt werden müßten. Neben der Aufgabe, derartige autoritäre Strukturen nachzuweisen, hat der Soziologe auch zu erklären, wie es dazu kommt, daß sich Autoritätsbindungen lockern und zu unglaubwürdigen autoritären Strukturen degenerieren. Ebenso, wie es verschiedene Formen von Macht und Herrschaft gibt, gibt es auch verschiedene Formen von Autorität, je nach dem Rechtfertigungsgrund. Diese Arten haben im Verlauf gesellschaftlicher Strukturwandlungen eine unterschiedliche Tragfähigkeit. Bestimmte Arten von Autorität sind zweifellos nicht mehr mit der gegenwärtigen Gesellschaftsstruktur vereinbar. Ihr Fortbestand löst das aus, was als „Krise der Autorität" oder als „autoritäre Struktur" wahrgenommen wird. Zur näheren Bestimmung des hiermit verbundenen Sachverhalts ist es erforderlich, zwei Hauptformen von Autorität näher zu charakterisieren, die als „personale" und „funktionale" Autorität bezeichnet werden sollen.

3.4.1. Personale und funktionale Autorität

Die Befugnis zur Ausübung von Macht und Herrschaft kann auf der Verpflichtung des Machtträgers gegenüber bestimmten Wertkriterien beruhen. Er selbst kann z. B. als Personifikation eines allgemein anerkannten Wertprinzips gelten, er kann aber auch solche Wertprinzipien selbst schaffen und von anderen dann anerkannt werden. In diesem Fall ist er Träger eines Charismas. Sind diese Werte mit einer bestimmten Position verbunden, kann er sie auch gleichsam als Amtsträger repräsentieren. Diese *personale Autorität*, die immer nur für die Betroffenen in Verbindung mit anerkannten Werten gültig ist, kann in der Geschichte der Menschheit schon sehr früh nachgewiesen werden. Sie hat sich lange Zeit als besonders tragfähig gezeigt. In diesem Sinne hatte z. B. der Monarch Autorität. Auch die Autorität des Papstes ist hierauf zurückzuführen. Stets liegt dieser Form von Autorität eine tragende Wertidee oder ein tragendes Wertsystem zugrunde. Personale Autorität kann durchaus auch gegen Traditionen gerichtet sein, wenn die außeralltägliche Qualität einer charismatischen Persönlichkeit ein bisher herrschendes Wertsystem in Frage stellt[27]. Derartige Prozesse der Bildung von Charisma lassen sich auch in der Gegenwart beobachten. So ist Mao Tse Tung sicherlich für viele Chinesen der Träger von Charisma und von hierauf begründeter personaler Autorität gewesen.

Eine zweite Form von Autorität kann als *funktionale Autorität* bezeichnet werden. Sie entsteht durch Verpflichtung ihres Trägers gegenüber Sachgesetzen. Sie wird also nicht so sehr durch irgendeinen zentralen Wert, sondern durch einen zweckbezogenen Sachablauf begründet, dessen Regelung erfordert, daß jemand anordnen kann, darf und muß. Solche Sachgesetzlichkeiten gibt es in großer Zahl. Je mehr der Mensch nicht nur zum Beherrscher von Naturkräften, sondern auch zum Gestalter seiner gesellschaftlichen Umwelt wird, desto mehr zwängt er sein Handeln in das Prokrustesbett von Sachgesetzen und desto mehr braucht er funktionale Autorität, die darüber wacht, daß diese Sachgesetze nicht verletzt werden. Praktisch verfügt jeder Funktionsträger in bürokratischen Strukturen – sei es im Bereiche der Wirtschaft, sei es im Bereiche der Politik – über funktionale Autorität[28]. Diese Form von Autorität beruht ursprünglich darauf, daß sich in den Sachgesetzen die Vernunft, also auch ein Wert, manifestiert. In diesem Sinne führte z. B. Diderot 1751 in seinem berühmten Artikel über Autorität in der Encyclopédie folgendes aus: Die Vernunft „ist eine Fackel, die von der Natur angezündet wurde und dazu bestimmt ist, uns zu leuchten. Jene dagegen (die Autorität, Anm. d. Verf.) ist bestenfalls nur ein Stock, der von Menschen-

---

[27] Vgl. M. Weber: a. a. O., S. 140 ff.
[28] Vgl. hierzu H. Hartmann: Funktionale Autorität. Stuttgart 1964.

hand geschaffen wurde und uns im Fall der Schwäche auf dem Weg zu helfen vermag, den uns die Vernunft zeigt[29]." Autorität ist aus dieser Sicht ein Vollzugsorgan der Vernunft, und ihr gegenüber letztlich verpflichtet. Derjenige, der sich aus der Notwendigkeit legitimiert, daß den Sachgesetzen in bestimmten Sozialprozessen zur Geltung verholfen werden muß, soll sich auch im Vollzug der Autorität an der den Sachgesetzen zugrunde liegenden Vernunft messen lassen. Dies war die Vorstellung der Aufklärungsphilosophen. Es sollte also keinesfalls eine völlige Autonomie der Bürokraten begründet werden.

In der hochdifferenzierten Sozialstruktur der Gegenwart läßt sich diese Vernunftbezogenheit funktionaler Autorität oft nicht erfassen, ja nicht einmal nachweisen, weil die Zusammenhänge zu komplex sind. Deshalb erscheint manche sachbezogene Autorität als die Macht, zu manipulieren. So entsteht der vordergründige Eindruck, „anonyme Mächte" seien am Werk. Diese Problematik funktionaler Autorität wiegt um so schwerer, als personale Autorität um so fragwürdiger wird, je mehr sich in einer modernen Gesellschaft der Wertepluralismus durchsetzt. Es wird dann außerordentlich schwierig, allgemeinverbindliche Werte sichtbar zu machen. Während die Krise der personalen Autorität eng mit der Auffächerung eines allgemein verbindlichen Wertehorizonts durch Säkularisations- und Emanzipationsprozesse zusammenhängt, beruht die Krise der funktionalen Autorität auf der mangelnden Transparenz von Vernunftgründen. Sie tritt dann ein, wenn sich Sachzwänge von der dahinter liegenden Vernunft ablösen, die stets mehr als bloße Rationalität und technisches Manipulationspotential ist.

Autoritäre Strukturen entstehen dann, wenn der Autoritätsanspruch sowohl von Personen als auch von Amtsträgern weiterbesteht, selbst wenn die ursprüngliche Zustimmungsgrundlage nicht mehr gegeben ist, wenn es also an Konsensus mangelt. Es ist dann nur noch die Machtgrundlage der Autori-

[29] Neuabdruck in: Denis Diderot. Enzyklopädie. Philosophische und politische Texte aus der „Encyclopédie". München 1969, S. 208.

tät vorhanden. Autoritäre Strukturen erscheinen als Rück-
stände aus früheren Gesellschaftsstrukturen und damit verbun-
denem Herrschaftsverhalten, die sich sowohl auf der personalen
als auch auf der institutionellen Ebene zeigen können.

3.4.2. Autoritäre Persönlichkeitsstrukturen

Angesichts der Tatsache, daß in allen Daseinsbereichen Reste
früherer Autoritätsstrukturen und Ansätze neuer Autoritätsstrukturen nachweisbar sind, ist es durchaus verständlich, daß
sich in den Persönlichkeitsstrukturen vieler Menschen dieser
Übergang spiegelt. Die von autoritären Strukturen geprägte
sozial-kulturelle Persönlichkeit wird als „autoritäre Persönlichkeit" bezeichnet[30]. Ihr liegen Mängel im Sozialisationsprozeß
zugrunde, die zur fraglosen Hinnahme von Abhängigkeit
geführt haben. Derartige Menschen sind, wenn sie aus einem
Unterwerfungsverhältnis entlassen werden, von einer Grund-
angst, verbunden mit großer Orientierungslosigkeit, beherrscht.
Sie sind nicht in der Lage, ihre Haltung angesichts wichtiger
Lebensprobleme selbst zu bestimmen, sich selbst Ziele zu
setzen und eigenverantwortlich zu handeln. Deshalb neigen sie
dazu, sich dem Stärkeren zu unterwerfen und gegenüber
Schwächeren aggressiv zu sein. Max Horkheimer hat diesen
Menschentyp wie folgt charakterisiert:

„Der autoritätsgebundene Charakter reagiert durch und
durch konventionell und stereotyp. Das Bild des Vaters ist das
einer strengen, gerechten, erfolgreichen, für sich stehenden und
gelegentlich großzügigen Respektsperson. Das Bild der Mutter
ist zusammengestzt aus den Standardeigenschaften der Weib-
lichkeit, wie praktisches Geschick, gutem Aussehen, Sauberkeit
und Gesundheit. Wo einst Raum war für Gewissen, individuelle
Unabhängigkeit und die Möglichkeit des Widerstands gegen
den sozialen Konformitätsdruck, dort verbleiben als einziges
Maßsystem Erfolg, Popularität und Einfluß, verbunden mit dem
eifrigen Bestreben des Subjekts, durch ungezügelte Identifizierung mit allem, was in der Realität Macht ausübt, voranzu-

---

[30] Vgl. hierzu die grundlegenden Untersuchungen von Th. W. Adorno, u. a.:
The Authoritarian Personality. New York 1950.

kommen. Keine geistige Autorität, sei sie religiös, moralisch oder philosophisch, wird um ihrer selbst willen akzeptiert; allein das Bestehende wird anerkannt. Was ‚unpopulär' ist, was immer von der Macht verworfen wird, soll auch machtlos bleiben[31]."

In amerikanischen Untersuchungen hat sich erwiesen, daß besonders schwierige und ungebärdige Kinder später autoritäre Persönlichkeitsstrukturen entwickeln. Horkheimer vermutet, „daß die Aggressivität dieser Kinder, die von ihnen auch später nicht aufgegeben, aber mehr oder weniger verdrängt und rationalisiert wird, auf das Schwinden der positiven, beschützenden Funktion der Familie zurückzuführen ist[32]."

Repressiver Autoritarismus zeigt sich also dort, wo im Sozialisationsprozeß für das Individuum kein Schutzraum besteht, in dem es allmählich zur Mündigkeit heranreift. Wer sich schon in früher Kindheit blinder Macht, später nicht gerechtfertigter Macht unterwerfen mußte, entwickelt keine Interesse an der Kultivierung der Macht. Er wird autoritätsblind, vermag also nicht mehr zwischen Autorität und Autoritarismus zu unterscheiden.

3.4.3. Ansätze zur Auflösung autoritärer Strukturen

Es gibt einige objektive Anzeichen für den beschleunigten Abbau autoritärer Strukturen in der modernen Gesellschaft und damit auch für die Abnahme autoritärer Persönlichkeitsmißbildungen. Der erste Anstoß kommt daher, daß noch fortbestehende Strukturen personaler Autorität immer stärker in den Sachzwang hineingeraten, so daß sie sich zumindest äußerlich der Form nach an die Ausübung funktionaler Autorität annähern. Der zweite Anstoß, der dazu führt, daß sich autoritäre Strukturen allmählich auflösen, gilt sowohl für personale als auch für funktionale Autorität: Es gibt kaum noch Bereiche

---

[31] M. Horkheimer: Autorität und Familie in der Gegenwart. In: Erkenntnis und Verantwortung. Festschrift für Theodor Litt. Düsseldorf 1960, S. 162.

[32] M. Horkheimer: a. a. O., S. 167.

umfassender Machtausübung in der modernen Gesellschaft, da sich diese immer stärker in Teilbereiche mit relativer Autonomie gliedert. Die Bereiche der Machtausübung werden nicht nur partikularisiert, sie überlagern sich auch. So wirken in viele Machtbereiche konkurrierende Mächte herein, die das Machtpotential relativieren.

Angesichts dieser Grundtendenzen wirken autoritäre Strukturen immer stärker disfunktional. Ihr Fortbestehen zeigt nur die Vorläufigkeit einer Prozeßphase an, die noch nicht zu einer Erneuerung der Verhältnisse geführt hat. Je mehr der Prozeß der Rationalisierung in sozialen Zweckgebilden voranschreitet, desto überflüssiger werden die autoritären Strukturen, in denen personale Autorität so interpretiert wird, als ob sie die Befugnis zur Machtausübung auch ohne Rechtfertigungsverpflichtung, ohne Berücksichtigung dessen, was die Betroffenen wirklich wollen, gestattet. Problematischer ist allerdings die Umwandlung autoritärer Strukturen, die sich auf eine angebliche funktionale Autorität gründet. Hier kommt es darauf an, sie allmählich durch solche Formen von Autorität abzulösen, die sich durch demokratische Willensbildung unter Berücksichtigung der Sacherfordernisse legitimieren. Dies kann aber in sozialen Zweckgebilden nicht ausschließlich nach dem Repräsentativprinzip geschehen, da dieses, wie R. Michels gezeigt hat, zur Oligarchiebildung, d. h. zur relativ unkontrollierten Macht- und Herrschaftsausübung weniger Experten führt. Autoritätsstrukturen, die sich auf Sachgesetze gründen, werden nur dann nicht manipuliert werden können und dementsprechend nicht zu autoritären Strukturen entarten, wenn sie immer wieder in einem Dialog zwischen den Beteiligten gefestigt werden, der die Vernunftgründe der Autorität einsichtig macht. Eine derartig begründete „diskursive" Autorität erscheint als angemessene Grundlage der Machtausübung in allen Gesellschaftsbereichen, in denen eine umfassende, freiwillige, aktive Mitwirkung möglich und wünschbar ist.

Fragen zur Arbeitskontrolle

1. Kennzeichnen Sie die drei wichtigsten Formen, in denen Macht in der Gesellschaft erscheint.
2. Wodurch wird Macht in Herrschaft umgewandelt?
3. Welche drei reinen Typen legitimer Herrschaft unterscheidet Max Weber?
4. Welche sind die drei Hauptmerkmale bürokratischer Herrschaft nach Max Weber?
5. Welche Merkmale kennzeichnen den Staat aus soziologischer Sicht?
6. Welche Struktur hat der moderne Staat nach Max Weber?
7. Worauf gründet sich die interne Souveränität des Staates?
8. Weshalb ist der Elitebegriff aus soziologischer Sicht fragwürdig?
9. Worin besteht das entscheidende Merkmal gesellschaftlicher Führungsgruppen?
10. Welche Grundlagen bietet die moderne Gesellschaft für die Entstehung gesellschaftlicher Führungsgruppen (sieben Bereiche)?
11. Wodurch legitimieren sich gesellschaftliche Führungsgruppen?
12. Was ist Autorität und welche soziale Funktion hat sie?
13. Wie unterscheiden sich „personale" und „funktionale" Autorität?
14. Wodurch entstehen autoritäre Strukturen?
15. Welche Merkmale kennzeichnen die autoritäre Persönlichkeit?
16. Wann kommt es zur Herausbildung autoritärer Persönlichkeiten?
17. Welche Prozesse führen zur Auflösung a) personbezogener, b) funktionsbezogener autoritärer Strukturen?

4. Der soziale Wandel

Lange Zeit ist versucht worden, bei der Analyse von Sozial-strukturen einen statischen und einen dynamischen Aspekt von-einander zu trennen. Die Gesellschaft sollte einmal in ihrem gegenwärtigen Bestand, zum anderen im historischen Prozeß ihrer Veränderung studiert werden. Diese Unterscheidung kann aber nur fiktiven Charakter haben. Wie schon eingangs erwähnt, verschmelzen in der sozialen Wirklichkeit Vergangen-heit, Gegenwart und Zukunft. Es gibt keine abstrakte Gesell-schaft, sondern nur eine Gesellschaft, die an ihre eigene Ge-schichtlichkeit gebunden ist. Aussagen über Sozialstrukturen sind deshalb nur insofern sinnvoll, als sie zeitlich relativiert werden bzw. auch Ansätze für tatsächliche oder mögliche Ver-änderungen berücksichtigen. Wenn dennoch Probleme des sozialen Wandels als ein besonderes Gebiet der allgemeinen Soziologie behandelt werden, so vor allem aus didaktischen Gründen, um die Gemeinsamkeiten in sozialen Veränderungen, die in bestimmten Sozialstrukturen auftreten, schärfer zu er-fassen.

4.1. Theoreme zur Erklärung des sozialen Wandels

Die einfachste Form einer Erfassung der Gesellschaftsdyna-mik ist die Gegenüberstellung von zwei oder mehreren Gesell-schaftstypen, also das Modell der komparativen Statik. Eine solche Vorgehensweise findet man z. B. bei Ferdinand Tönnies und bei Emile Durkheim. Tönnies betrachtete die sozialen Ver-änderungen, die sich im 19. Jahrhundert in industrialisierten Ländern vollzogen, als einen Wandel vom Gemeinschafts- zum Gesellschaftstyp, wobei er, wie schon ausgeführt wurde, diese beiden Typen durch eine unterschiedliche Gestaltung der zwischenmenschlichen Beziehungen charakterisierte. Emile Durkheim ging ebenfalls von der Gegenüberstellung zweier Gesellschaftstypen aus, die er nach der Art der in ihnen herr-schenden Solidarität charakterisierte. Der ältere Typ der Gesell-

schaft wird durch gemeinsame Sitten und Bräuche sowie durch
gemeinsame Tradition zusammengehalten. Die hier herrschende
Solidarität nennt Durkheim „mechanisch". In der modernen
Gesellschaft hingegen herrscht eine „organische" Solidarität,
die Individuen werden nicht mehr durch Traditionen zusammengehalten, sondern vor allem durch organisierte und spezia-
lisierte Arbeit. Unter bestimmten Bedingungen kann diese organische Solidarität verfallen, d. h. anomisch werden, oder reinen
Zwangscharakter annehmen. Die Ansätze von Tönnies und
Durkheim sind noch keine eigentlichen Theorien des sozialen
Wandels, sondern Entwicklungsschemata, die bestimmte Veränderungen in der Gesellschaft verständlich machen sollen.

Eine weiterführende Form der Erklärung geht nicht nur vom
Vergleich einer Phase mit einer anderen aus, sondern postuliert
vielmehr eine Stufenfolge der Entwicklung. In diese Richtung
gingen die Überlegungen von Auguste Comte, für den die
Geschichte der Menschheit in erster Linie eine Geschichte der
Entwicklung ihres Geistes, d. h. ihrer sozialen Objektivationen
war, und zwar im Sinne einer fortschreitenden intellektuellen
Aufwärtsentwicklung der menschlichen Denkweise. Jeder
Zweig unseres Wissens muß nach Comte notwendigerweise
im Laufe seiner Entwicklung drei verschiedene Stadien durch-
laufen:

(1) das theologische oder fiktive Stadium,
(2) das metaphysische oder abstrakte Stadium und
(3) das wissenschaftliche oder positive Stadium.

Diese Geistesgeschichte wird von Comte eng mit der sozialen
Entwicklung verknüpft. So entspricht den drei Stadien der
geistigen Evolution der allmähliche Übergang vom priesterlich-
militärischen Sozialsystem über die Periode abendländischer
Revolutionen zur modernen industriellen Gesellschaft. Comte
begründet seine theoretischen Aussagen mit einer stark speku-
lativen Gesamtschau der Geschichte, speziell derjenigen des
Abendlandes.

Auch Karl Marx hat derartige Entwicklungsstadien formuliert, wenn auch in etwas anderer Form. Er unterscheidet die Sklavenhaltergesellschaft, die Gesellschaft des Feudalismus, die Gesellschaft des Kapitalismus, untergliedert in Wettbewerbs- und Monopolkapitalismus, und schließlich die Diktatur des Proletariats, die zu einer klassenlosen Gesellschaft führt. Marx ergänzt jedoch diese Schematik der Entwicklungsstadien durch eine Darstellung und Erklärung der Prozesse, die zum sozialen Wandel führen. Seine Theorie des historischen Materialismus hat er in klassischer Form im Vorwort „Zur Kritik der politischen Ökonomie" (1859) zusammengefaßt:

„In der gesellschaftlichen Produktion ihres Lebens gehen die Menschen bestimmte, notwendige, von ihrem Willen unabhängige Verhältnisse ein, Produktionsverhältnisse, die einer bestimmten Entwicklungsstufe ihrer materiellen Produktivkräfte entsprechen. Die Gesamtheit dieser Produktionsverhältnisse bildet die ökonomische Struktur der Gesellschaft, die reale Basis, worauf sich ein juristischer und politischer Überbau erhebt und welcher bestimmte gesellschaftliche Bewußtseinsformen entsprechen. Die Produktionsweise des materiellen Lebens bedingt den sozialen, politischen und geistigen Lebensprozeß überhaupt. Es ist nicht das Bewußtsein der Menschen, das ihr Sein, sondern umgekehrt ihr gesellschaftliches Sein, das ihr Bewußtsein bestimmt. Auf einer gewissen Stufe ihrer Entwicklung geraten die materiellen Produktivkräfte der Gesellschaft in Widerspruch mit den vorhandenen Produktionsverhältnissen, oder was nur ein juristischer Ausdruck dafür ist, mit den Eigentumsverhältnissen, innerhalb deren sie sich bisher bewegt hatten. Aus Entwicklungsformen der Produktivkräfte schlagen diese Verhältnisse in Fesseln derselben um. Es tritt dann eine Epoche sozialer Revolution ein. Mit der Veränderung der ökonomischen Grundlage wälzt sich der ganze ungeheure Überbau langsamer oder rascher um[33]."

Kernpunkt der Erklärung des sozialen Wandels bei Marx ist die Auffassung, daß die Produktivkräfte sich weiterentwickeln, während die Produktionsverhältnisse, also die sozialen Strukturen, stabil bleiben. Der Anstoß kommt also aus dem Bereich der materiellen Daseinsgrundlagen, während den Inter-

[33] K. Marx: Zur Kritik der politischen Ökonomie. Berlin 1951, S. 13.

aktionszusammenhängen und besonders den sozialen Objektivationen eher ein retardierender Einfluß zuerkannt wird. Träger der auftretenden Widersprüche sind die sozialen Klassen. Marx setzt voraus, daß die Widersprüche letztlich zur *Revolution*, d. h. zu einem sozialen Wandel führen, der die Legitimitätsgrundlage der bisherigen Herrschaftsordnung zerstört, und neue Formen der Institutionalisierung von Macht begründet. Die Auseinandersetzung mit dem historischen Materialismus hat die Soziologie in vielfältiger Weise beeinflußt. Hierbei spielen die von Marx nicht hinreichend beantworteten Fragen eine Rolle, ob die Impulse des Fortschritts nur von den Produktivkräften ausgehen, ob die Widersprüche stets revolutionär bewältigt werden müssen und ob nur die sozialen Klassen die Agenten des Wandels sind.

Ein Beispiel für diese Diskussion bieten die Untersuchungen von James C. Davies zur Entstehung von Revolutionen[34]. Die Auffassung, daß hierzu eine fortschreitende Verelendung erforderlich sei, differenziert er anhand empirischer Befunde. Revolutionen seien dann am wahrscheinlichsten, wenn eine anhaltende Periode tatsächlichen wirtschaftlichen und sozialen Wachstums von einer kurzen und schweren Rezession abgelöst werde. Extreme und stabile Armut führe lediglich zu Resignation und Verzweiflung. Die Bedrohung wachsender Erwartungen hingegen führe zu Empörung. Revolutionärer Wandel setzt demnach Bewußtseinsstrukturen voraus, die durch nachhaltige Enttäuschungserlebnisse geprägt wurden.

Im angelsächsischen Sprachbereich wurde Herbert Spencers Theorie der sozialen Entwicklung bedeutsam, die als Analogie zu biologischen Evolutionsprozessen entstanden ist. Demnach ist die Gesellschaft ein Organismus, der in ständiger Wechselwirkung mit seiner natürlichen Umwelt lebt. Sowohl zwischen verschiedenen sozialen Systemen als auch zwischen verschiedenen Bereichen eines Systems und der natürlichen Umgebung

---

[34] J. C. Davies, Eine Theorie der Revolution (1962), in: W. Zapf (Hrsg.), Theorien des sozialen Wandels, Köln und Berlin 1969.

herrscht ein Gleichgewicht der Energie, dessen Labilität aber zu einem ständigen Existenzkampf führt. Dieser „Kampf ums Dasein" ist der Ursprung einer sozialen Kontrolle, die der Selbstzerfleischung der Gesellschaft Grenzen setzt. Ein System, in dem der Existenzkampf durch politische und religiöse Kontrolle kanalisiert und organisiert wird, nennt Spencer „militärisch". Nach und nach lockert sich der Druck der sozialen Kontrolle, und der individuellen Initiative wird mehr Raum gelassen. So wandelt sich die militärische Gesellschaft allmählich zur „industriellen", in der die soziale Kohäsion eher durch Sympathie und Wissen als durch Gewalt garantiert wird. Damit verbunden ist eine größere Heterogenität und soziale Differenzierung der Gesellschaft. Sozialer Wandel ist also bei Spencer eine Veränderung der Struktur der Gesellschaft von einer unbestimmten, instabilen Heterogenität in Richtung einer bestimmten, stabilen Heterogenität.

In modernisierter Form hat auch Arnold J. Toynbee seine Theorie des sozialen Wandels auf der Idee des Kampfes ums Dasein begründet. Anhand historischer Quellen untersuchte er 21 Kulturen[35]. Aus den Ergebnissen leitete er ein Grundschema für die Entwicklung von Kulturen ab, das er als Prinzip von „challenge and response", von Herausforderung und Antwort bezeichnet. Den Ursprung der ersten Herausforderung, die das Entstehen einer Kultur bedingt, legt Toynbee in die natürliche Umwelt. Beispielsweise war beim Entstehen der altägyptischen Kultur die Herausforderung der natürlichen Umwelt die Trokkenheit und Unfruchtbarkeit des Landes während bestimmter Perioden des Jahres, die jedoch durch eine adäquate Ausnutzung der Wassermassen des Nils durch Bewässerungssysteme überwunden werden konnten.

Nach Toynbee wird aber die Herausforderung der natürlichen Umwelt nur dann wirksam, wenn sie auf eine „creative minority", eine schöpferisch tätige Minorität elitären Charak-

---

[35] Vgl. A. J. Toynbee: Gang der Weltgeschichte (1934–1954), 4. Aufl. 1954.

ters trifft, die auf die Herausforderung reagiert, indem sie neue Anpassungsmechanismen oder Techniken, also eine Antwort findet. Toynbee stellt nun – zweifellos von Marx beeinflußt – der schöpferischen Minorität den Begriff des „inneren Proletariats" gegenüber, die er beide als zu einer Kultur gehörend auffaßt. Die Antwort auf die erste und alle darauf folgenden Herausforderungen muß so beschaffen sein, daß sie den Erfordernissen aller zur Kultur gehörenden Gruppen entspricht. Solange dies gegeben ist, wird der Elite vom inneren Proletariat spontan Gefolgschaft geleistet. Die erste Kultur wird von Toynbee als „first generation culture" bezeichnet, weil sie ihren Ursprung in der ersten Herausforderung der natürlichen Umwelt hat. Vermag die Elite keine adäquaten Antworten auf die Herausforderung mehr zu finden, erkennt das innere Proletariat deren Führung nicht mehr an. Es kommt zum „break down", zur Desintegration der Gesellschaft. In diesem Augenblick der Schwäche spielt das „äußere Proletariat" eine wichtige Rolle. Dieses gehört nicht zur eigenen Kultur und benutzt den Augenblick der Desintegration zu einer Invasion, nach Toynbee deswegen, weil es den äußeren Reichtum der Kultur als Herausforderung empfindet. Nach Toynbee handelt es sich beim äußeren Proletariat um Völker auf einer niedrigeren Kulturstufe, die die Kultur des eroberten Landes sehr häufig nicht handzuhaben verstehen und sie daher entweder verfallen lassen oder ganz zerstören. Aus den Ruinen der ersten Zivilisation entsteht durch Verschmelzung der überlebenden Kulturelemente mit denen des äußeren Proletariats die „second generation culture". So gelangt Toynbee zu der Annahme, daß jede Kultur einen zyklischen Ablauf aufweist, also eine Phase der Geburt, der Blüte und der Desintegration durchläuft. Der zyklische Verlauf des sozialen Wandels ist vor allem in den asiatischen Flußtalkulturen nachweisbar, bei denen oft mehrmals hintereinander die Bewässerungssysteme zerstört und neu aufgebaut wurden. Unter bestimmten geographischen Voraussetzungen kann es also zu einem zyklischen Ablauf von Prozessen des sozialen Wandels kommen. Der Theorieansatz von Toynbee ist sehr stark geschichtsphilosophisch geprägt. Allerdings ist zu berücksichtigen, daß eine so breite Analyse einer Vielzahl von Kulturen nur unter Zuhilfenahme gewisser spekulativer Überlegungen zu bewältigen ist.

Im engeren Sinne soziologisch ist die Theorie des „cultural lag" von William F. Ogburn[36]. Den Ausgangspunkt für die Betrachtung des sozialen Wandels stellen aus seiner Sicht die Kulturelemente eines sozialen Systems dar, zwischen denen bestimmte Wechselwirkungen bestehen, und die in der Regel einander nicht vollkommen angepaßt sind. Ogburn unterscheidet nun zwei Hauptsektoren in einer Kultur: die materielle Kultur, d. h. das technische Produktionssystem oder allgemein die Technik, und die immaterielle Kultur, d. h. die soziale Organisation oder eine Elite, der die Kontrolle und der Gebrauch des Produktionssystems obliegt. In der modernen industrialisierten Gesellschaft werden nach Ogburn die meisten Erfindungen im technischen Sektor, also im materiellen Teil der Kultur akkumuliert. Dies schließt nicht automatisch eine Anpassung im immateriellen Teil der Kultur ein. Hier seien die Menschen weniger erfinderisch, was Ogburn auf die starke Verankerung des immateriellen Teils der Kultur in dem zugrunde liegenden Wertsystem zurückführt. Auf diese Weise entsteht bei Prozessen des sozialen Wandels ein „cultural lag". Ogburn versucht auch eine teilweise empirische Überprüfung seiner Theorie, daß es in Perioden sozialen Wandels zu den geschilderten „lags" kommt. So stellt er z. B. fest, daß im 19. Jahrhundert in den USA die arbeitsrechtlichen Bestimmungen völlig unzureichend waren, um die Arbeiter gegen die mit der technischen Entwicklung verbundenen erhöhten Berufsrisiken zu schützen.

Die Kritik an Ogburn richtet sich hauptsächlich dagegen, daß er die technischen Erfindungen dem materiellen Teil der

---

[36] Vgl. W. F. Ogburn: Kultur und sozialer Wandel. Ausgewählte Schriften. Neuwied 1969.

Kultur zurechnet und zum Schrittmacher erklärt. Dem könnte entgegengehalten werden, daß die Ursache vieler technischer Erfindungen oft in einer Ideologie zu suchen ist. So hat z. B. Max Weber die Bedeutung der protestantischen Ethik, die damit verbundene Wertschätzung der Arbeit an der Entwicklung und Anwendung neuer Produktionstechniken, als mitentscheidenden Faktor für die wirtschaftliche Entwicklung der Neuzeit hervorgehoben[37]. Inzwischen hat Ogburn jedoch unter dem Ansturm der Kritik versucht, seine Theorie dahingehend umzuformulieren, daß die den Wandel auslösenden Faktoren auch im immateriellen Bereich liegen können, wobei das wesentliche Merkmal, nämlich die in ungleichen Zeitabständen und Zeiträumen vor sich gehenden Veränderungen untereinander verbundener Kulturelemente, erhalten bleibt. Ogburns Erklärungsversuch richtet sich auf die Lokalisierung des Wandels in einem sozialen System. Was jedoch fehlt, ist eine genaue Beschreibung und Analyse, wie der soziale Wandel tatsächlich abläuft, also welche sozialen Prozesse mit dem vorwärtsstrebenden Bereich verbunden sind und welche Prozesse im zurückbleibenden Bereich ausgelöst werden und ablaufen müssen, damit tatsächlich eine Anpassung erreicht wird.

Der Schwerpunkt neuer Beiträge zur soziologischen Erklärung des sozialen Wandels liegt im Bereich der *Modernisierungsprozesse,* die u. a. durch wirtschaftliches Wachstum, Mobilisierung und Aktivierung der Bevölkerung sowie durch internationale Machtverschiebungen (Entkolonialisierung) gekennzeichnet werden. Als Beispiel soll der theoretische Ansatz von Amitai Etzioni dienen[38]. Mobilisierung ist für ihn „der Prozeß, durch den latente Energie aus der Sicht der Handlungseinheit für kollektive Aktion verfügbar gemacht wird" und „durch den eine Einheit merklich an Kontrolle über Aktivposten gewinnt, die sie bisher nicht kontrollierte". Deshalb ist

[37] Vgl. M. Weber: Die protestantische Ethik und der Geist des Kapitalismus. In: Gesammelte Aufsätze zur Religionssoziologie. Tübingen 1920/21.

[38] A. Etzioni, Die aktive Gesellschaft (1968), Opladen 1975.

Mobilisierung ein grundlegender Aspekt des sozialen Wandels, insbesondere im Verlauf gesellschaftlicher Modernisierung. Die notwendige Umstrukturierung ist von kollektiven Aktionen abhängig. Sie macht „die Gesellschaftseinheit insgesamt weniger privat, öffentlicher und deshalb politisch intensiver". Der Prozeß gesellschaftlicher Mobilisierung führt zu einer größeren Vielfalt sozialer Beziehungen und zu einer größeren Wirksamkeit sozialer Organisationen in bezug auf Ziele, die von der mobilisierenden Elite gesetzt werden. Das Niveau der individuellen Bindung an gesellschaftliche Ziele steigt spürbar an. Doch kann diese Bindung nur teilweise als freiwillig bezeichnet werden. In weiten Bereichen gesellschaftlicher Aktivitäten herrschen noch Zwang und Kontrolle. Natürlich sind die notwendigen gesellschaftlichen Kontrollmechanismen sehr unterschiedlich in ihrer Art. Physischer Zwang wird allmählich ergänzt und ersetzt durch verfeinerte Mechanismen wie z. B. die Verinnerlichung von Werten, die Strukturierung von Austauschprozessen, symbolische Identifikation usw. Trotzdem bleibt ein großer Unterschied bestehen zwischen Personen und Gruppen mit unterschiedlichem Anteil an der gesellschaftlichen Zielsetzung, an der Entscheidung über gesellschaftliche Strategien und an der Verteilung der Ergebnisse. Gesellschaftliche Mobilisierung, wie sie im Verlaufe des Industrialisierungsprozesses eintritt, löst an sich noch nicht das Problem der sozialen Integration. Die Steigerung gesellschaftlicher Aktivität und Effizienz bedeutet noch nicht, daß auch die Individuen und Gruppen aktiver werden und daß ihr Selbstvertrauen und ihre Selbstbestimmung wachsen. Dies heißt mit anderen Worten, daß Modernisierung in der Regel nur eine Teildemokratisierung zur Folge hatte, die sich im wesentlichen auf Exponenten gesellschaftlicher Institutionen und bestimmte Machtausgleichsmechanismen erstreckte.

Gesellschaftliche Mobilisierungsstrategien müssen zumindest zu einem späteren Stadium der gesellschaftlichen Entwicklung durch Mitwirkungsstrategien ergänzt werden. Sonst wird die gesellschaftliche Konsensusbildung immer problematischer, die Wirksamkeit der Organisationen und Institutionen nimmt ab, und die meisten formalen Sozialbeziehungen werden zu einer Bürde für die Beteiligten. Offensichtlich bedarf die Modernisierung der gesellschaftlichen Makrostruktur, also des institutionellen Rahmens, auch einer Modernisierung der gesellschaftlichen Mikrostruktur, der sozialen Beziehungen innerhalb der Institutionen.

Besondere Beachtung erfordern auch die durch Modernisierungsprozesse hervorgerufenen inner- und zwischengesellschaftlichen Spannungen. Im Mittelpunkt der soziologischen Konflikt- und Friedensforschung stehen hierbei die internationalen Abhängigkeitsstrukturen, die zu Entwicklungsdisparitäten führen. Erklärungsversuche hierfür bieten liberale und marxistische Ansätze einer *Imperialismus-Theorie*. Johan Galtung versteht z. B. Imperialismus als ein Herrschaftssystem, „das organisierte Kollektive aufspaltet und einige ihrer Teile in von Interessenharmonie gekennzeichnete Beziehungen zueinander setzt, andere in Beziehungen, deren Merkmal . . . der Interessenkonflikt ist[39]." Ein Beispiel ist etwa die ökonomische, politische, militärische, kommunikative oder kulturelle Beherrschung einer Peripherienation durch ein Interessenbündnis zwischen den Führungsschichten einer Zentralnation und der Peripherienation. Zweifellos wird eine umfassende Soziologie des sozialen Wandels die Dynamik derartiger internationaler Bindungen und Verflechtungen einbeziehen müssen.

In der empirischen Forschung zum sozialen Wandel ist eine Tendenz festzustellen, den Gesamtprozeß in bestimmte Teilprozesse aufzugliedern und auf sie Theorien mittlerer Reichweite anzuwenden. Dieser Tendenz liegt die Erkenntnis zugrunde, daß der gesamte komplexe Vorgang sozialer Veränderungen empirisch nur sehr schwer erfaßt werden kann.

---

[39] J. Galtung, Eine strukturelle Theorie des Imperialismus, in: D. Senghaas (Hrsg.), Imperialismus und strukturelle Gewalt. Analysen über abhängige Reproduktion, Frankfurt/M. 1972. S. 30.

Beispiele für die Untersuchung derartiger Teilprozesse wären etwa der Wandel der Bevölkerungsstruktur, der Industrialisierungsprozeß, der Bürokratisierungsprozeß, der Rationalisierungsprozeß, der Demokratisierungsprozeß und auch der Prozeß der Verstädterung. Es können also sowohl Veränderungen in den materiellen Daseinsgrundlagen als auch Veränderungen in Bereichen sozialer Organisationen und im Bereiche sozialer Objektivationen berücksichtigt werden.

4.2. Die Wirkung sozialer Innovationen

Ein wesentlicher Aspekt jedes sozialen Wandels sind die damit zusammenhängenden sozialen Innovationen, also die sozialen Neuerungen. Sie bedingen eine Strukturänderung der Gesellschaft, die sich nicht mehr rückgängig machen läßt. Bei ihrer Untersuchung geht es nicht primär um die Frage, ob es sich um materielle oder ideelle Faktoren handelt, sondern um das Problem, wie Neuerungen entstehen und sich auf die verschiedenen Aspekte der Sozialstruktur auswirken.

Die Entstehung sozialer Innovationen ist auf Mängel in der Situationsbewältigung durch die handelnden Personen oder Gruppen zurückzuführen. Wenn sich eine Situation so stark verändert, daß sie mit Hilfe der bisherigen Interpretationsmuster und materiellen Hilfsmittel nicht mehr bewältigt werden kann, entstehen Spannungen im Bewußtsein der Individuen, die zu kognitiven Dissonanzen führen. Kleinere Spannungen sind meist so beschaffen, daß die Menschen mit ihnen leben und sie daher auch vernachlässigen können. Größere Spannungen werden jedoch kognitive Innovationen hervorbringen. Darunter ist die Kombination bestimmter Denkinhalte mit dem Ziel einer Situationsbewältigung zu verstehen. Dieser Prozeß der Neukombination wird von H. G. Barnett in die Detailvorgänge der Akkumulation, der Separation und der Konzentration vorhandener Ideen untergliedert[40]. Damit ist gemeint, daß

---

[40] Vgl. H. G. Barnett: Innovation, The Basis of Cultural Change. New York 1953.

zunächst bereits vorhandene Ideen aus anderen Sozialbereichen übernommen, zusammengefaßt und somit akkumuliert werden können. Weiterhin kann man aus komplexen Gedankengängen bestimmte Einzelgedanken heraustrennen, und schließlich ist es möglich, die Gedankengänge auf einen ganz bestimmten Punkt zu konzentrieren. Barnett liefert also ein Schema zum Studium der Technik sozialer Kreativität. Die soziale Bedeutung des Problemlösungsprozesses, der von der Entstehung kognitiver Innovationen begleitet wird, hängt von der Art der Innovationen, von ihren Trägern und von ihrer Verbreitung ab. Die Typen sozialer Innovationen kann man danach unterscheiden, ob sie auf Ziele oder auf Mittel gerichtet sind. Weitere Differenzierungen ermöglicht dann das schon bei der Darstellung abweichender Verhaltensweisen erörterte Merton'sche Paradigma des Nonkonformismus.

Als Innovatoren kommen vor allem zwei Gruppen in Betracht: die herkömmlichen Experten und die Randpersönlichkeiten. Als herkömmliche Experten sind jene Personen zu bezeichnen, die aufgrund ihrer fachlichen Ausbildung für die Lösung eines anstehenden Problems besonders geeignet sind. Randpersönlichkeiten sind demgegenüber jene Menschen, die außerhalb der normalen Denktradition der Gesellschaft stehen und aufgrund dieser geringen Traditionsverbundenheit besonders geeignet sind, neue Lösungsmöglichkeiten zu finden.

Die Ausbreitung von Innovationen ist an eine sozialen Vermittlungsvorgang gebunden, der als *Diffusionsprozeß* bezeichnet wird. E. M. Rogers unterscheidet fünf verschiedene Stadien dieses Prozesses[41]. Zunächst gibt es das Stadium des Gewahrwerdens. Es muß den Beteiligten die Neuerung zunächst einmal bewußt werden. Dann setzt das Stadium des Interesses ein, womit gemeint ist, daß man die Innovation auf die eigene Lage bezieht und sich mit ihr auseinandersetzt. Die dritte Stufe ist die Bewertung der Innovation. Man nimmt ihr gegenüber

[41] E. M. Rogers: Diffusion of Innovation. 5. Aufl. New York, London 1967.

eine positive oder negative Haltung ein. Ist die Innovation positiv bewertet worden, tritt als viertes Stadium eine Versuchsperiode ein, die, sofern sich die Innovation bewährt hat, mit dem fünften Stadium der Annahme der Innovation abgeschlossen wird.

Das entscheidende Kriterium eines erfolgreich abgeschlossenen Diffusionsprozesses ist demnach eine Verhaltensänderung, die stets auch mit einer Veränderung der kognitiven Struktur der Individuen verbunden ist. Man kann dementsprechend den Diffusionsprozeß auch als sozialen Lernprozeß bezeichnen. Der jeweilige Erfolg oder Mißerfolg ist an bestimmte Voraussetzungen gebunden. Zunächst kann der Kommunikationsprozeß, der eine Innovation verbreitet, durch unterschiedlichste soziale, psychologische oder räumliche Distanzen erschwert werden. Die soziale und psychologische Distanz, die überwunden werden muß, ist um so größer, je weniger sich eine soziale Innovation mit den bereits vorhandenen Verhaltensmustern und Einstellungsweisen vereinbaren läßt. Ein weiterer Aspekt ist die Möglichkeit der Risikokontrolle bei Annahme der Innovation. Da die Einführung von Innovationen oft mit einem großen Risiko verbunden ist, kommen als Vermittler vor allem zwei soziale Gruppen in Frage: einerseits Gruppen, die eine relativ gesicherte oder überragende Position haben, so daß sie das Risiko übernehmen können, andererseits die öffentliche Hand. Eine wichtige Voraussetzung für die Diffusion von Innovationen ist die Offenlegung des Erfolgs. Allerdings hängt das, was Personen als „erfolgreiche Demonstration" einer Neuerung bezeichnen, von ihrer jeweiligen Interessenlage und Situation ab.

Die empirische Untersuchung sozialer Innovationsprozesse öffnet den Weg zu nachweisbaren Aussagen über den sozialen Wandel unter bestimmten konkreten historischen Bedingungen. Dies ist besonders bedeutsam für die Analyse sozialer Entwicklungspotentiale und -hemmnisse, z. B. in rückständigen Gebieten. Allerdings darf nicht vergessen werden, daß der soziale

Wandel ein gesellschaftliches „Totalphänomen" ist, daß also z. B. „Modernisierung" nicht auf einen bestimmten Teilbereich der Gesellschaft beschränkt bleiben kann. Für moderne Gesellschaften typisch ist gerade der Umstand, daß Innovationen kumulative Akzelerationsprozesse des sozialen Wandels auslösen. Bestimmte Innovationen treten als Folge von Spannungen auf, die sie mildern können. Gleichzeitig schaffen sie aber in anderen Bereichen neue Spannungen, so daß dadurch wieder neue Innovationen herausgefordert werden. Ein besonders typisches Beispiel für einen derartigen Akzelerationsprozeß ist der Vorgang der Verstädterung. Die Umschichtung der Bevölkerung von ländlichen Gebieten in die Städte hat zu einer Vielzahl sozialer Innovationen geführt, die vom Wohlfahrtsamt bis zur Müllabfuhr reichen. Die Zusammenballung der Menschen an einem Ort und die hieraus folgende Häufung der Interaktionen bedingen aber auch ein vollständig anderes Verhalten der Menschen. Es müssen neue Umgangsformen, neue Verhaltensmuster, neue Versorgungs- und Verwaltungseinrichtungen geschaffen werden und die Interessenlagen und Bedürfnisstrukturen ändern sich. So werden vielfältige Sekundär- und Tertiärprozesse ausgelöst.

Fragen zur Arbeitskontrolle

1. Mit welchen Entwicklungsschemata erklären a) Ferdinand Tönnies b) Emile Durkheim den sozialen Wandel?
2. Welche drei Stadien der Gesellschaftsentwicklung unterscheidet Auguste Comte?
3. Wie erklärt Karl Marx gesellschaftliche Veränderungen?
4. Was versteht der Soziologe unter „Revolution"?
5. Charakterisieren Sie die evolutionistische Theorie des sozialen Wandels von Herbert Spencer.
6. In welchen Phasen verläuft der Kulturwandel nach Arnold Toynbee?
7. Welche Hauptaspekte läßt die Theorie des „cultural lag" von W. F. Ogburn unberücksichtigt?

8. Charakterisieren Sie gesellschaftliche Modernisierung und Mobilisierung.
9. **Was versteht J. Galtung unter „Imperialismus"?**
10. Welche hauptsächlichen Teilprozesse des sozialen Wandels werden in der Soziologie unterschieden?
11. Wie entstehen soziale Innovationen?
12. Wie untergliedert H. G. Barnett den Prozeß schöpferischer Neukombination?
13. Welche Hauptgruppen sozialer Innovation sind zu unterscheiden?
14. Welche fünf Stadien des Diffusionsprozesses unterscheidet E. M. Rogers?
15. Welche Faktoren unterscheiden die Diffusion von Neuerungen?
16. Stellen Sie die kumulative Akzeleration des sozialen Wandels am Beispiel des Verstädterungsprozesses dar.

V. Wege zu einer Theorie der modernen Gesellschaft

Der Soziologe, der sich einen Überblick über die Vielgestaltigkeit der sozialen Phänomene verschafft, steht vor der Frage, wie sich seine Erkenntnisse zu einer Gesamttheorie zusammenfügen lassen, die weder Weltanschauung noch rein formaler Begriffsapparat ist. Außerdem sollte diese Theorie auch praktisch anwendbar sein. Der gegenwärtige Stand der Soziologie wird dadurch gekennzeichnet, daß es einerseits empirische Analysen von Teilprozessen der Gesellschaft gibt und daß andererseits taxonomische Systeme, d. h. Begriffsapparate zur Beschreibung dieser Prozesse zur Verfügung stehen. Schließlich gibt es eine Fülle historisch-soziologischer Theoreme, die sich aber nicht empirisch verifizieren lassen. Durch diese Fülle von unterschiedlichen Aussagesystemen wird das Studium der Soziologie sehr erschwert. So besteht die Versuchung, gegenüber den

offensichtlichen Unvollkommenheiten der Soziologie seine
Zuflucht zu primitiven Erklärungsschemata zu nehmen. Ein
gewisser Schutz gegen diese Fehlhaltung ist die Kenntnis der
Kriterien, denen auch im Bereich der Soziologie wissenschaft-
lich vertretbare Aussagen entsprechen sollten. Sie wurden von
Hans Albert in folgender Weise prägnant formuliert:

(1) Widerspruchsfreiheit, d. h. die Aussage muß so formu-
    liert sein, daß damit nicht gegenteilige Sachverhalte
    umfaßt sein können.

(2) Ausmaß der Problemlösung. Inwiefern trägt die Aussage
    zur Lösung des anstehenden Problems bei?

(3) Haltbarkeit gegenüber Tatsachen. Inwieweit wird die
    Aussage durch empirische Untersuchungsergebnisse
    zumindest vorläufig bestätigt?

(4) Bezug zu anderen Aussagen bzw. Theorien. Inwieweit
    ist die Aussage in den theoretischen Zusammenhang des
    soziologischen Fachgebietes eingefügt[1]?

Ein wissenschaftstheoretisch fundiertes Problembewußtsein
vermag zwar die Soziologie vor dem Rückfall in weltanschauliche Deklamation zu bewahren. Es reicht aber nicht aus, soziologische Erkenntnis auf gesellschaftlich wirklich bedeutsame
Wirkungszusammenhänge zu richten und Impulse zur fort-
schrittlichen Gestaltung der sozialen Wirklichkeit auszulösen.
Diesem Ansatz des soziologischen Denkens, der auf eine Erhel-
lung der Problemlagen, das Aufzeigen von Wirkungszusammenhängen und den Nachweis von Gestaltungsspielräumen hinzielt,
wirken verschiedene Tendenzen entgegen.

Zunächst wäre der Versuch zu nennen, die Soziologie auf die
Psychologie zu reduzieren und damit die ganze Gesellschaft aus
der Perspektive des einzelnen handelnden Menschen oder einer
Kleingruppe zu sehen. Dies dürfte zwar für einige spezifische
Probleme sehr wesentlich und auch notwendig sein, jedoch kann

[1] H. Albert: Probleme der Theoriebildung. In: H. Albert (Hrsg.), Theorie und
Realität. Tübingen 1964, S. 53.

sich niemals die ganze Soziologie hierauf gründen, da ihr Interesse primär auf die Analyse der objektiven Strukturen gerichtet ist, in die die Menschen eingebettet sind, und die einen sehr wesentlichen Einfluß auf die gesamte Lebensweise der Menschen ausüben. Soziologie ist nicht nur eine Wissenschaft von den Verhaltensweisen, sondern auch von Situationen, in denen diese wirksam werden.

Eine zweite Tendenz, die diese Denkweise gefährdet, ist die oft zu rasche Modellbildung. Dadurch gibt man sich möglicherweise der Illusion hin, daß die Gesellschaft ähnlich wie ein Baukasten stets neu kombiniert und zusammengesetzt werden kann, so daß eine Konfrontation mit der tatsächlichen Wirklichkeit zu großen Enttäuschungen führen muß. Zweifellos hat die Modellbildung einen großen didaktischen Wert. Jedoch wird es kaum möglich sein, die Wirklichkeit sofort so umzugestalten, daß sie dem Modell entspricht, da in der Regel die gesellschaftlichen Interessenlagen nicht so rasch und umfassend veränderbar sind, wie es das Modell vorsieht. Dies gilt ganz besonders für utopische Modelle, die durchaus ihre Berechtigung im Erkenntnisprozeß haben. Menschliche Beziehungen aber zum Gegenstand einer sich bei Sachfragen möglicherweise bewährenden Simulationstechnik zu machen, wäre wahrscheinlich mit der Aufgabe der Ziele verbunden, denen die utopische Methode dienen will.

Eine dritte Tendenz, die der soziologischen Denkweise Probleme schafft, ist die Beschränkung auf rein empirische Forschung, die nur von der Vorstellung der Gegebenheiten ausgeht und nicht versucht, diese in Frage zu stellen oder auch Rückschlüsse auf die Struktur zu ziehen, in die diese Gegebenheiten eingebettet sind, und die auch nicht überprüft, durch welche Veränderungen möglicherweise die Gegebenheiten verbessert werden könnten.

Die einzig weiterführende Verfahrensweise hat C. W. Mills sehr treffend als Ausbildung der „soziologischen Imagination" bezeichnet. Seine Leitregeln hierfür sollen in etwas gekürzter

Form den Abschluß unserer Ausführungen bilden[2]:

(1) Befleißige dich eines sauberen Handwerks: Vermeide die starre Beschränkung auf bestimmte Methoden. Vor allem nutze und entfalte dein soziologisches Denkvermögen. Vermeide den Fetischismus der Methode und Technik.

(2) Vermeide das skurrile Rankenwerk assoziierter und dissoziierter Begriffe, sowie den Manierismus in der Sprache. Achte – auch bei anderen – stets auf eine einfache und klare Ausdrucksweise.

(3) Mache alle für deine Arbeit notwendigen übergeschichtlichen Konstruktionen, aber vertiefe dich auch in subhistorische Einzelheiten. ... Nie sollte man mehr als drei Seiten schreiben, ohne an ein konkretes Beispiel zu denken.

(4) Analysiere nicht einfach ein begrenztes Milieu nach dem anderen, sondern ganze Sozialstrukturen, in welche die Teilbereiche eingebettet sind.

(5) Das Ziel sollte immer die Erfassung der vergangenen und gegenwärtigen Sozialstrukturen durch ihren Vergleich miteinander sein. Um dieses Ziel zu erreichen, muß man der Zersplitterung des akademischen Lebens in verschiedene Schulen und Fakultäten skeptisch gegenüberstehen.

(6) Immer sollte man den Menschen in der ganzen Bedeutung dieses Wortes, die sich auch in der Untersuchung niederschlage, vor Augen haben; das gilt auch für die Geschichte, wie man sie sich selber wünschen möchte.

(7) Wir übernehmen das Erbe der klassischen Schule und bewahren es: Deshalb verstehen wir nicht den Menschen als isoliertes Fragment oder intelligibles Wesen an und für sich. Vielmehr versuchen wir Männer und Frauen als geschichtlich und gesellschaftlich Handelnde zu begreifen und die Art und Weise zu erfassen, in der bestimmte

[2] C. W. Mills, Kritik der soziologischen Denkweise. Neuwied 1963, S. 279–281.

Menschen von bestimmten Gesellschaften geprägt werden.

(8) Die allgemeinen und offiziell erörterten Probleme wie
auch die persönlichen Nöte sollten niemals den Rahmen
einer wissenschaftlichen Untersuchung fixieren. Vor
allem darf niemals die moralische und politische Autonomie durch die Übernahme der intoleranten Methoden
des bürokratischen Ethos oder der freizügigen Methoden
moralisierender Faselei aufgegeben werden.

Literaturverzeichnis

I. Einführungs- und Nachschlage-Werke

Bahrdt, H. P.: Wege zur Soziologie. 7. Aufl. München 1973.

Behrendt, R. F.: Der Mensch im Licht der Soziologie. Stuttgart 1962.

Bellebaum, A.: Soziologische Grundbegriffe. Eine Einführung für soziale Berufe. 6. Aufl. Stuttgart 1976.

Ders.: Soziologie der modernen Gesellschaft. Hamburg 1977.

Berger, P. L.: Einladung zur Soziologie. Olten und Freiburg i. Br. 1969.

Bernsdorf, W. (Hrsg.): Wörterbuch der Soziologie (1969), Taschenbuchausgabe, 3 Bde. Frankfurt/M. 1972.

Blätter zur Berufskunde, Bd. 3: Sozialwissenschaftler (bearb. von G. Siefer). Bielefeld 1972.

Broom, L., und Ph. Selznick: Sociology. A Text with Adapted Readings. 3. Aufl. New York 1963.

Burghardt, A.: Allgemeine Soziologie. Berlin und Frankfurt/M. 1972.

Eisermann, G. (Hrsg.): Die Lehre von der Gesellschaft. 2. Aufl. Stuttgart 1969.

Fichter, J.: Grundbegriffe der Soziologie. 3. Aufl. Wien 1970.

Fuchs, W. u. a. (Hrsg.): Lexikon zur Soziologie. Opladen 1973.

Hartfiel, G.: Wörterbuch der Soziologie. 2. Aufl. Stuttgart 1976.

Heidtmann, F.: Wie finde ich soziologische Literatur? Berlin 1977.

Jonas, F.: Geschichte der Soziologie. 4 Bde. Reinbek 1968–69.

Klages, H.: Geschichte der Soziologie. München 1969.

Knebel, H. J.: Metatheoretische Einführung in die Soziologie. München 1973.

König, R. (Hrsg.): Handbuch der empirischen Sozialforschung, 2 Bde., Stuttgart 1967–1969.

Kreckel, R.: Soziologisches Denken. Opladen 1976.

Matthes, J.: Einführung in das Studium der Soziologie, rororo Studium. 2. Aufl. Reinbek 1976.

Reimann, H. u. a.: Basale Soziologie. München 1975.

Rüegg, W.: Soziologie. Frankfurt/M. 2. Aufl. 1970.

Schelsky, H., und A. Gehlen (Hrsg.): Soziologie. 5. Aufl. Düsseldorf 1964.

Scheuch, E. K., und Th. Kutsch: Grundbegriffe der Soziologie, Bd. 1. Stuttgart 1972

Schoeck, H.: Kleines soziologisches Wörterbuch. 10. Aufl. Freiburg i. Br. 1975.

Simmel, G.: Grundfragen der Soziologie. Sammlung Göschen Bd. 1101. Berlin 1970.

Wallner, E. M.: Soziologie. Einführung in Grundbegriffe und Probleme. 5. Aufl. Heidelberg 1975.

Wiese, L. v.: Geschichte der Soziologie. Sammlung Göschen Bd. 3101. 9. Aufl. Berlin 1971.

Wössner, J.: Soziologie. Einführung und Grundlegung. Wien, Köln, Graz 1970.

II. Soziale Verhaltensweisen und ihre Vermittlung

Brim, O. und St. Wheeler: Erwachsenen-Sozialisation. Stuttgart 1974.
Claessens, D.: Familie und Wertsystem. 3. Aufl. Berlin 1972.
Cloward, R. A., und L. E. Ohlin: Delinquency and Opportunity. Glencoe/Ill. 1960.
Cohen, A. K.: Kriminelle Jugend (1955). Reinbek 1961.
Dahrendorf, R.: Homo sociologicus, 14. Aufl. Köln und Opladen 1974.
Dreitzel, H. P.: Die gesellschaftlichen Leiden und das Leiden an der Gesellschaft. Stuttgart 1968.
Fend, H.: Gesellschaftliche Bedingungen schulischer Sozialisation. Weinheim 1974.
Fürstenau, P.: Soziologie der Kindheit. Heidelberg 1967.
Fürstenberg, F.: Randgruppen in der modernen Gesellschaft. In: Soziale Welt 16 (1965).
Gerhardt, U.: Rollenanalyse als kritische Soziologie. Neuwied 1971.
Gerth, H., und C. W. Mills: Person und Gesellschaft (1953). Frankfurt/M. 1970.
Goffman, E.: The Presentation of Self in Everyday Life (1956). New York 1959.
Goffman, E.: Stigma. Über Techniken der Bewältigung beschädigter Identität (1963). Frankfurt/M. 1967.
Goode, W. J.: Soziologie der Familie (1964). München 1967.
Hofstaetter, P. R.: Einführung in die Sozialpsychologie. Sammlung Göschen Bd. 5104. 5. Aufl. Berlin 1973.
Homans, G. C.: Elementarformen sozialen Verhaltens (1961). Köln und Opladen 1968.
Krappmann, L.: Soziologische Dimensionen der Identität. Stuttgart 1971.
Kreutz, H.: Soziologie der Jugend. München 1974.
Merton, R. K.: Social Theory and Social Structure, Kap. IV und V. Glencoe/Ill. 1957.
Moser, T.: Jugendkriminalität und Gesellschaftsstruktur. Frankfurt/M. 1970.
Neidhardt, F. (Hrsg.): Frühkindliche Sozialisation. Stuttgart 1975.
Opp, K. D.: Abweichendes Verhalten und Gesellschaftsstruktur. Darmstadt und Neuwied 1974.
Popitz, H.: Der Begriff der sozialen Rolle als Element der soziologischen Theorie. Tübingen 1967.
Rosenmayr, L.: Jugend (Handbuch der Empirischen Sozialforschung, Bd. 6), Stuttgart 1976.
Scharmann, Th. (Hrsg.): Schule und Beruf als Sozialisationsfaktoren. 2. Aufl. Stuttgart 1974.

Stendenbach, J. F.: Soziale Interaktion und Lernprozesse. Köln 1963.
Tews, H.-P.: Soziologie des Alters. Heidelberg 1971.
Wurzbacher, G. (Hrsg.): Der Mensch als soziales und personales Wesen. Stuttgart 1963.

III. Soziale Morphologie: Die Beziehungsgefüge

a) Soziale Kleingruppen

Bergmann, J. E.: Die Theorie des sozialen Systems von Talcott Parsons. Frankfurt/M. 1967.
Fischer, H.: Gruppenstruktur und Gruppenleistung. Bern und Stuttgart 1962.
Friedeburg, L. v. (Hrsg.): Jugend in der modernen Gesellschaft. Köln und Berlin 1965.
Hare, A. P., u. a. (Hrsg.): Small Groups. 2. Aufl. New York 1965.
Hofstaetter, P. R.: Gruppendynamik. Die Kritik der Massenpsychologie. Reinbek 1957.
Homans, G. C.: Theorie der sozialen Gruppe (1950). 3. Aufl. Köln und Opladen 1968.
Malewski, A.: Verhalten und Interaktion. Tübingen 1967.
Mills, Th. M.: Soziologie der Gruppe. München 1969.
Moreno, L.: Die Grundlagen der Soziometrie. 2. Aufl. Köln und Opladen 1967.
Parsons, T.: The Social System. Glencoe/Ill. 1950.
Riesman, D., u. a.: Die einsame Masse. Darmstadt, Berlin, Neuwied 1956.

b) Organisierte Zweckgebilde

Blau, P. M., and W. R. Scott: Formal Organizations. London 1963.
Burisch, W.: Industrie- und Betriebssoziologie. Sammlung Göschen Bd. 4103. 7. Aufl. 1972.
Etzioni, A.: Soziologie der Organisationen (1964). München 1967.
Fürstenberg, F.: Grundfragen der Betriebssoziologie. Köln und Opladen 1964.
Luhmann, N.: Funktionen und Folgen formaler Organisationen. Berlin 1964.
Mayntz, R. (Hrsg.): Bürokratische Organisationen. Köln und Berlin 1968.
Presthus, R.: Individuum und Organisation (1962). Frankfurt/M. 1966.
Rose, A. M. (Hrsg.): The Institutions of Advanced Societies. Minneapolis 1958.

c) Kollektive Verhaltensweisen

Habermas, J.: Strukturwandel der Öffentlichkeit. Neuwied 1962.
Löwenthal, L., und N. Gutermann: Agitation und Ohnmacht (1949).
Neuwied 1966.
McClung Lee, A. M.: How to Unterstand Propaganda. New York
1952.
Münster, Cl.: Mengen, Massen, Kollektive. München 1952.
Schramm, W. (Hrsg.): Grundfragen der Kommunikationsforschung
(1963). München 1964.
Smelser, N. J.: Theory of Collective Behavior. London 1962.

d) Sozialräumliche Strukturen

Arensberg, C. M.: Die Gemeinde als Objekt und als Paradigma, in:
R. König (Hrsg.), Handbuch der Empirischen Sozialforschung
Bd. 1. Stuttgart 1967.
Atteslander, P., und B. Hamm (Hrsg.): Materialien zur Siedlungs-
soziologie. Köln 1974.
Bahrdt, H.-P.: Die moderne Großstadt. Reinbek 1961.
Ipsen, G. (Hrsg.): Daseinsformen der Großstadt. Tübingen 1959.
König, R.: Grundformen der Gesellschaft: Die Gemeinde. Hamburg
1958.
Kötter, H.: Stadt – Land – Beziehungen, in: R. König (Hrsg.), Hand-
buch der empirischen Sozialforschung Bd. 10. Stuttgart 1977.
Pfeil, E.: Großstadtforschung. Hannover 1972.
Simmel, G.: Soziologie. Berlin 1908 (darin das Kapitel: Der Raum
und die räumlichen Ordnungen der Gesellschaft).
Wirth, L.: Urbanism as a way of life, in: American Journal of So-
ciology Vol. 43 (1938).
Zinn, H.: Beziehungen zwischen Raumgestalt und Sozialleben. Bern
1970.

e) Soziale Objektivationen

Benedict, R.: Urformen der Kultur (1934). Reinbek 1955.
Berger, P. L., und Th. Luckmann: Die gesellschaftliche Konstruktion
der Wirklichkeit. Frankfurt/M. 1969.
Bourdieu, P.: Zur Soziologie der symbolischen Formen. Frankfurt/M.
1970.
Halbwachs, M.: Das Gedächtnis und seine sozialen Bedingungen
(1925). Neuwied 1966.
Helle, H. J.: Soziologie und Symbol. Köln und Opladen 1969.
Lautmann, R.: Wert und Norm, Begriffsanalyse für die Soziologie.
Köln und Opladen 1969.
Lenk, K. (Hrsg.): Ideologie, 5. Aufl. Neuwied 1971.
Mannheim, K.: Wissenssoziologie. Auswahl aus dem Werk. Neuwied
1964.

Neusüß, A. (Hrsg.): Utopie. Begriff und Phänomen des Utopischen. Neuwied 1968.
Popitz, H.: Soziale Normen, in: Arch. Européennes de Sociologie, 2 (1961).
Spittler, G.: Norm und Sanktion. Olten und Freiburg i. Br. 1967.
Topitsch, E.: Vom Ursprung und Ende der Metaphysik. Wien 1958.
Weber, M.: Rechtssoziologie. Neuwied 1960.
Willi, V. J.: Grundlagen einer empirischen Soziologie der Werte und Wertsysteme. Zürich 1966.

IV. Sozialstruktur und sozialer Wandel

a) Soziale Schichtung

Bendix, R., und S. M. Lipset: Class, Status and Power. A Reader in Social Stratification. Glencoe/Ill. 1953.
Bolte, K. M., u. a.: Deutsche Gesellschaft im Wandel. Opladen 1966.
Ders.: D. Kappe und F. Neidhardt, Soziale Ungleichheit. 3. Aufl. Opladen 1974.
Bottomore, T. B.: Die sozialen Klassen in der modernen Gesellschaft. (1965). München 1967.
Claessens, D., A. Klönne und A. Tschoepe: Sozialkunde der Bundesrepublik. Düsseldorf und Köln 1965.
Fürstenberg, F.: Die Sozialstruktur der Bundesrepublik Deutschland. 6. Aufl. Köln und Opladen 1978.
Fürstenberg, F.: Die Soziallage der Chemiearbeiter. Neuwied 1969.
Geiger, Th.: Die Klassengesellschaft im Schmelztiegel. Köln und Hagen 1969.
Geiger, Th.: Arbeiten zur Soziologie. Neuwied 1962.
Lukács, G.: Geschichte und Klassenbewußtsein (1923). Neuwied 1970.
Neumann, M.: Methoden der Klassenanalyse. Frankfurt/M. 1976.
Ossowski, St.: Die Klassenstruktur im sozialen Bewußtsein (1957). Neuwied 1962.
Schäfers, B.: Sozialstruktur und Wandel der Bundesrepublik Deutschland. Stuttgart 1976.
Schumann, M., und H. Kern: Technischer Fortschritt und Arbeiterbewußtsein. 2 Bde. Frankfurt/M. 1970.
Tjaden-Steinhauer, M. und K. H. Tjaden: Klassenverhältnisse im Spätkapitalismus. Stuttgart 1973.
Tumin, M. E.: Schichtung und Mobilität (1967). München 1968.
Wiehn, E. und K. U. Mayer: Soziale Schichtung und Mobilität. München 1975.

b) Soziale Mobilität

Albrecht, G.: Soziologie der geographischen Mobilität. Stuttgart 1972.
Bolte, K. M.: Sozialer Aufstieg und Abstieg. Eine Untersuchung über Berufsprestige und Berufsmobilität. Stuttgart 1959.

Fürstenberg, F.: Das Aufstiegsproblem in der modernen Gesellschaft. 2. Aufl. Stuttgart 1970.
Heberle, R., und F. Meyer: Die Großstädte im Strome der Binnenwanderungen. Leipzig 1937.
Hoffmann-Nowotny, H. J.: Migration. Stuttgart 1970.
Jackson, J. A.: Migration. Sociological Studies Bd. II. 1969.
Lemberg, E., und F. Edding: Die Vertriebenen in Westdeutschland. 3 Bde. Kiel 1959.
Mayntz, R.: Soziale Schichtung und sozialer Wandel in einer Industriegemeinde. Stuttgart 1958.

c) Macht und Herrschaft

Adorno, Th. W., u. a.: The Authoritarian Presonality. New York 1950.
Coser, L. A.: Theorie sozialer Konflikte (1956). Neuwied 1965.
Dahrendorf, R.: Klassen und Klassenkonflikt in der industriellen Gesellschaft. Stuttgart 1957.
Dahrendorf, R.: Gesellschaft und Demokratie in Deutschland. München 1965.
Dreitzel, H. P.: Elitebegriff und Sozialstruktur. Stuttgart 1962.
Hartfiel, G. (Hrsg.): Die autoritäre Gesellschaft, Köln und Opladen 1969.
Hartmann, H.: Funktionale Autorität. Stuttgart 1964.
Heller, H.: Staatslehre. 3. Aufl. Leiden 1963.
Hennis, W.: Demokratisierung. Zur Problematik eines Begriffs. Köln 1970.
Jacobi, H.: Die Bürokratisierung der Welt. Neuwied 1969.
Michels, R.: Zur Soziologie des Parteiwesens in der modernen Demokratie. Neuaufl. Stuttgart 1957.
Mills, C. W.: Die amerikanische Elite (1956). Hamburg 1962.
Naschold, F.: Organisation und Demokratie. Stuttgart 1969.
Popitz, H.: Prozesse der Machtbildung. Recht und Staat, 362/63. Tübingen 1968.
Schluchter, W.: Aspekte bürokratischer Herrschaft. München 1972.
Stammer, O.: Gesellschaft und Politik. In: W. Ziegenfuß (Hrsg.), Handbuch der Soziologie. Stuttgart 1956.
Weber, M.: Wirtschaft und Gesellschaft. 4. Aufl. Tübingen 1956.
Wittfogel, K. A.: Die orientalische Despotie. Eine vergleichende Untersuchung totaler Macht (1957). Köln und Berlin 1962.
Zapf, W.: Wandlungen der deutschen Elite. München 1965.

d) Sozialer Wandel

Bühl, W. L. (Hrsg.): Konflikt und Konfliktstrategien. München 1972.
Barnett, H. G.: Innovation. The Basis of Cultural Change. New York 1970.
Dreitzel, H. P. (Hrsg.): Sozialer Wandel. Neuwied 1967.

Etzioni, A.: The Active Society. A Theory of Societal and Political Processes. London und New York 1968.

Hofmann, W.: Ideengeschichte der sozialen Bewegungen des 19. und 20. Jahrhunderts. Sammlung Göschen Bd. 4205. Berlin 1971.

Kiefer, K.: Die Diffusion von Neuerungen. Tübingen 1967.

Kuhn, Th. S.: Die Struktur wissenschaftlicher Revolutionen (1962). Frankfurt/M. 1967.

Mackenroth, G.: Bevölkerungslehre. Berlin 1953.

Ogburn, W. F.: Kultur und sozialer Wandel. Ausgewählte Schriften. Neuwied 1969.

Ponsioen, J. A.: The Analysis of Social Change Reconsidered. Den Haag und Paris 1969.

Rogers, E. M.: Diffusion of Innovation. New York and London 1962.

Senghaas, D.: Kritische Friedensforschung. Frankfurt/M. 1971.

Zapf, W. (Hrsg.): Theorien des sozialen Wandels. Köln und Berlin 1970.

Zollschan, G. K., und W. Hirsch (Hrsg.): Explorations in Social Change. Boston 1964.

V. Probleme der soziologischen Theoriebildung

Adorno, Th. W., u. a.: Der Positivismusstreit in der deutschen Soziologie. Neuwied 1969.

Dahrendorf, R.: Die angewandte Aufklärung. Gesellschaft und Soziologie in Amerika (1963). Frankfurt/M. 1968.

Mills, C. W.: Kritik der soziologischen Denkweise (1959). Neuwied 1963.

Schäfers, B. (Hrsg.): Thesen zur Kritik der Soziologie. Frankfurt/M. 1969.

Schelsky, H.: Ortsbestimmung der deutschen Soziologie. 2. Aufl. Düsseldorf und Köln 1959.

Topitsch, E. (Hrsg.): Logik der Sozialwissenschaften. Köln 1966.

Zwischenbilanz der Soziologie. Verhandlungen des 17. Deutschen Soziologentages (1974). Stuttgart 1976.

Sachregister

(Auf den halbfett gedruckten Seiten werden die betreffenden Grundbegriffe definiert.)

Personenregister

Walter de Gruyter
Berlin · New York

Soziologie in der Sammlung Göschen

L. v. Wiese

Geschichte der Soziologie
9. Auflage. 12 x 18 cm. 158 Seiten. 1971.
Kartoniert DM 5,80
ISBN 3 11 001949 3 (Band 3101)

G. Simmel

Grundfragen der Soziologie
Individuum und Gesellschaft
3., unveränderte Auflage. 10,5 x 15,5 cm.
98 Seiten. 1970. Kartoniert DM 4,80
ISBN 3 11 002762 3 (Band 1101)

W. Hofmann

Ideengeschichte der sozialen Bewegung des 19. und 20. Jahrhunderts
5., unveränderte Auflage unter Mitwirkung
von Wolfgang Abendroth
12 x 18 cm. 298 Seiten. 1974. Kartoniert
DM 9,80   ISBN 3 11 004921 X (Band 5205)

P. Atteslander

Methoden der empirischen Sozialforschung
Unter Mitarbeit von Klaus Baumgartner,
Franz Haag, Jörg Ötterli, Rudolf Steiner
4., erweiterte Auflage. 12 x 18 cm.
320 Seiten. 1975. Kartoniert DM 12,80
ISBN 3 11 005831 6 (Band 2100)

F. Fürstenberg

Wirtschaftssoziologie
2., neubearbeitete und ergänzte Auflage.
10,5 x 15,5 cm. 141 Seiten. 1970. Kartoniert
DM 7,80   ISBN 3 11 002774 7
(Band 1193/1193a)

Preisänderungen vorbehalten

Walter de Gruyter
Berlin · New York

Soziologie in der Sammlung Göschen

W. Burisch

Industrie- und Betriebssoziologie
7., verbesserte Auflage. 12 x 18 cm.
198 Seiten. 1973. Kartoniert DM 9,80
ISBN 3 11 005898 7 (Band 2101)

O. Neuloh

Arbeits- und Berufssoziologie
12 x 18 cm. 200 Seiten. Mit 7 Abbildungen.
1973. Kartoniert DM 12,80
ISBN 3 11 003892 7 (Band 6004)

M. Rehbinder

Rechtssoziologie
12 x 18 cm. 189 Seiten. 1977. Kartoniert
DM 14,80   ISBN 3 11 003817 X (Band 2853)

P. R. Hofstätter

Sozialpsychologie
5., überarbeitete Auflage. 12 x 18 cm.
230 Seiten. Mit 21 Abbildungen. 1973.
Kartoniert DM 9,80   ISBN 3 11 004309 2
(Band 5104)

Soziologie und Raumplanung
Einführung in ausgewählte Aspekte
Herausgegeben von Peter Atteslander
12 x 18 cm. 272 Seiten. 1976. Kartoniert
DM 19,80   ISBN 3 11 004962 7 (Band 2110)

U. Brösse

Raumordnungspolitik
12 x 18 cm. XII, 223 Seiten. Mit 5 Schau-
bildern, 3 Faltkarten. 1975. Kartoniert
DM 19,80   ISBN 3 11 004457 9 (Band 9006)

Preisänderungen vorbehalten